阅读推广人系列教材（第二辑）

中国图书馆学会　编
总主编　王余光　霍瑞娟

U0459331

图书评论与
阅读推广

主　编　徐　雁　钱　军　李海燕
副主编　郑闯辉　聂凌睿　蔡思明

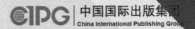

CIPG 中国国际出版集团
China International Publishing Group

朝华出版社
BLOSSOM PRESS

图书在版编目（CIP）数据

图书评论与阅读推广 / 徐雁，钱军，李海燕主编
.-- 北京：朝华出版社，2017.6
阅读推广人系列教材.第二辑 / 王余光，霍瑞娟主
编
ISBN 978-7-5054-4022-7

Ⅰ.①图… Ⅱ.①徐… ②钱… ③李… Ⅲ.①书评—
关系—读书活动—教材 Ⅳ.① G256.4 ② G252.17

中国版本图书馆 CIP 数据核字 (2017) 第 133325 号

图书评论与阅读推广

主　　编　徐　雁　钱　军　李海燕
副 主 编　郑闯辉　聂凌睿　蔡思明

选题策划　张汉东
责任编辑　吕　哲
责任印制　张文东　陆竞赢

出版发行　朝华出版社
社　　址　北京市西城区百万庄大街 24 号　　　　邮政编码　100037
出版合作　（010）68995593
订购电话　（010）68996050　68996618
传　　真　（010）88415258（发行部）
联系版权　j-yn@163.com
网　　址　http：//zhcb.cipg.org.cn
印　　刷　环球东方（北京）印务有限公司
经　　销　全国新华书店
开　　本　710mm×1000mm　1/16　　　　　　字　　数　200 千字
印　　张　11.75
版　　次　2017 年 6 月第 1 版　　2017 年 6 月第 1 次印刷
装　别　平
书　　号　ISBN 978-7-5054-4022-7
定　　价　39.80 元

阅读推广人系列教材（第二辑）编委会

办的全民阅读推广峰会上，正式启动了"阅读推广人"培育行动，计划通过未来几年的努力，培育一大批专业"阅读推广人"。通过培育行动，将有更多职业"阅读推广人"在图书馆、学校以及更广阔的空间里发挥更大的作用，为推进全民阅读工作和书香社会建设做出更大的贡献。

为了配合"阅读推广人"培育行动的开展，中国图书馆学会组织编写了"阅读推广人"培育行动系列教材。希望这套教材的出版能对"阅读推广人"的培育和图书馆界及相关业界阅读推广工作的开展有所助益。由于编者水平有限及出版时间仓促，书中错误之处在所难免，敬请同行及读者指正。

中国图书馆学会理事长、国家图书馆馆长：

前　言

"两个批评学者"与"五十个书评家"

图书评论（Book Review），是欧洲近代书业发达后的出品，也是杂志（Magazine）的伴生物。

1665 年 1 月 5 日，受法国科学院赞助而在巴黎创刊的《学者杂志》（*Journal des Sçavans*，后易名为 *Journal des Savants*），开始报道法国及欧洲各国科学、文化界动态，简要描述了当时出版界最新问世的著作，使得书评这种以通报新书信息、评介图书内容为己任的新文体，很快得到学术界的欢迎。18 世纪以后，英国的书评文章开始从描述性文体向评论性文体方向发展。

清咸丰七年（1857），来华传道播学十一年的伦敦传道会传教士、汉学家伟烈亚力（Alexander Wylie，1815—1887）在上海创办了中文杂志《六合丛谈》，先后评介了《约书说略》《造表新法》《地志新书》《戒烟新书》等，随后还开辟了《新出书籍》专栏。同治七年（1868），美国监理会传教士、翻译家和教会教育家林乐知（Young John Allen，1836—1907）在上海创办了《中国教会新报》周刊（七年后易名为《万国公报》，每月刊出），其中发表了若干以"书后"为名的文章，推介了《医方汇编》《五洲女俗通考》等出版物。

所谓"书后"，原本是一种在书籍卷轴制时代，展阅后有感而发，随笔书写在他人书卷之后，旨在对读物有所说明或评论的文章。北宋文学家苏轼（1037—1101）所撰《书〈曹孟德传〉后》，被认为是此种文体之滥觞。清人叶廷琯（1791—1861）在《鸥陂渔话》中说："余以王君韬斋已有图记在前，乃为书后云。"据姚华（1876—1930）在《论文后编》里的阐述，则"一文之后，有所题记，后人称曰'书后'……大抵'书后'者，意必抽于前文，事必引于原著"。

近代以来，蔡元培（1868—1940）撰有《〈戒烟必读〉书后》，梁启超（1873—1929）有《读〈日本书目志〉书后》等①，所用皆是此体。

萧乾（1910—1999）在《书评研究》一书中认为，书评是"为一般书评读者所写的一般书籍的批评"，旨在"推广和提高文化"，"让读者对书能有比广告来得客观的评价"。他指出，书评写作是"爱书的人理想的职业"，"书评家首先须是一个爱书的人"，其基本态度应该是"诚恳"。而一个理想的"书评家"的标准是："要具有充足的知识和鉴赏力，对实际生活又怀有莫大兴趣。历史沿革对他不生疏，而拾起每本书来，他仍能持涉猎的好奇心，发见它自身的价值。"他大声疾呼"我们需要两个批评学者，六个批评家，五十个书评家。"②

"读为基础，想为主导，落实到写"，是北京大学中文系教授金开诚（1932—2008）的治学经验之谈。而书评写作，正是一种提升个人好书鉴赏力和读物推广能力的有效方式。为此，自2013年以来，中国图书馆学会阅读推广委员会旗下的图书评论委员会（2016年易名为"图书评论与阅读推广专业委员会"）主持了"最值得向读者推荐的一本书"的图书馆"馆员书评"征文活动。该活动以《图书馆报》及金陵图书馆编印的阅读推广导刊《阅微》、南京邮电大学图书馆的《书林驿》、成都图书馆的《喜阅》、厦门图书馆的《厦门图书馆声》等为业内外传播平台，取得了良好的阅读推广效益。

显然，我们倡导和奖勉图书馆专业馆员多读书、写作书评文章，是为了向当今这个"渐行渐远渐无书"的时代，努力吹拂出层层叠叠的书香来，让馆藏好书佳作、名著经典内在的知识芬芳，尽可能多而广地向社会大众传播。而努力造就一支以"在馆书评人"为主体的书评作者队伍，则是"学习型图书馆"构建的题中应有之义。

我衷心期待，随着本书的著述成型和出版发行，在各级各类图书馆里能够涌现出更多"在馆书评人"，一起参与到以书评为抓手的阅读推广工作中来，作为对"倡导全民阅读，建设书香社会"国家基本文化战略的一种积极回应。

徐　雁

---

① 伍杰.中国百年书评选［M］.昆明：云南教育出版社，2002：15，58
② 萧乾，李辉，等.书评面面观［M］.北京：人民日报出版社，1989：8

目 录

第一讲
图书评论与阅读推广概述

习惯上被简称为"书评"的图书评论，是对图书的内在信息和外在装帧形式进行价值分析和评判后所写的议论文章，可供读者选书、作者写书、编书出版和图书馆馆员借鉴。图书的价值，体现在内容方面的，有知识性、学术性、思想性，及可读、耐读性等；表现在形式上，则有包括书衣、版式、插图以及字体、字号等要素在内的文化创意和工艺含量等。所谓"价值分析和评判"，就是通过解读、鉴赏、分析、批评等手法，对书籍的整体价值做出正面的或负面的，或者正、负比重方面的评估。要了解"书评"，就得先从其评论的客体——图书开始。

第一节　图书及其评论

一、图书的基本概念

图书是人类历史上迄今为止最资深的一种信息传播和知识传承载体。那么，什么是图书呢？

据北京大学教授郑如斯为《图书馆学百科全书》所撰词条的释义所说："作为记录和保存知识、表达思想、传播信息的手段而出现的"，"用文字、图画或其他符号手写或印刷于纸张等形式的载体上，并具有相当篇幅的文献"。对于其中这个有关"篇幅"上的要求，联合国教科文组织基于统计上的需要，规定为除封面外，正文"篇幅不少于四十九页的非定期出版物称'图书'，四十九页以下者为'小册子'"①。但在本书的语境中，我们并不以此为限，而采用的是广义上的概念，即按照晚清以来人们传统的说法，将一切书册样读物泛称为"图书"。因此，本书所拟阐述的"图书评论"，即是针对一切书册样读物所写作的评介性文章。

在 20 世纪 90 年代全球网络化之前，图书评论是人类知识成果评介的最有效方式之一，并因其常刊载于杂志、报纸等传媒而超越了同行、专业领域的范围，其书林指南、学海导航的工具性作用和大众传播影响力不可小觑。

或如知名学者汪荣祖所曾指出的那样，"今人要善读，除自己的判断外，尚须依赖两种工具：其一是书评，二三子若已评一书犹如介丘，则芸芸读者便可不浪费众多的'一顾'，不知可节省多少时间！（即学者之间，也可借书评相互检讨，并做互利的学术通讯与对话）……其二是索引"，"书评与索引在近代进步国家，已相当完备与普遍，但我们仍然与理想相差太远。工欲善其事，必先利其器。为了使无数的读者能善读，希望少数人能推动书评与索引工作，使能日臻完备，造福读书界"②。

二、书评在中国近代化进程中的发展及其影响

1902 年至 1907 年，流亡于日本的梁启超（1873—1929），在横滨主办了《新民丛报》半月刊，该刊设有《绍介新书》专栏。1904 年 6 月，王国维（1877—1927）在《教育世界》杂志上发表的《红楼梦评论》一文，则被认为是以西洋哲学和美学理论批评中国古典文学名著的开创之举。

此后我国创办的杂志，如《新青年》月刊（1915—1922）、创刊于 1928 年的《新月》等，大都注意开设类似专栏。有论者指出，"中国近代书评在此期间，挣脱旧型，迅速成长，与世界通行的书评体例更趋一致"，"当辛亥革命推翻帝制之后，以《民报》等为表率的一个新的兴办报刊高潮到来之际，书评已成为中国报刊不可缺少的组成部分"，而在"五四"新文化运动发生后，"具有新思想、使用

---

① 《图书馆学百科全书》编委会.图书馆学百科全书［M］.北京：中国大百科全书出版社，1993：456—457

② 汪荣祖.学林漫步［M］.天津：百花文艺出版社，1998：3—4

语体文（白话文）、作者队伍和读者层面等更为广大的现代书评开始兴起"[①]。

所谓"现代书评"的作者，以留学欧美和日本归国者居多。

早在 1914 年 3 月，以"进德修业、自强不息""培植全材、增进国力"[②]为教书育人方针的清华学堂就编印了《书报介绍》，这是一份以担当"读者选书顾问"为职责的书报评介杂志。编者在第十八期《致读者》文中说："近十年来，我国出版界虽然不见得很兴旺，而著书之轻滥草率，真是外冠万国，前无古人。像这样的'书林'，充满了'金玉其外败絮其中'的果实，一个人置身其中，真不知何所采撷，而为读书人选择之资的书报评论一类出版物，则极为欠乏，简直可以说没有……"为此，该刊开辟了发表系统评介文章的《备考书录》《中外新书报评介》《古籍（书）新评》等栏目。后来享誉一时的《清华学报》和《燕京学报》，也都注意及此，开设有专门的书评栏目；前者为《书评》，后者为《新著评论》（1946 年改为《书评》专栏）。

1922 年元月，我国首位留美文学博士，先后担任南开大学、国立东南大学教授的梅光迪（1890—1945），联络同人，在南京发起创办了《学衡》杂志。据该刊执行主编吴宓教授（1894—1978）披露："《学衡》杂志之发起，半因胡先骕此册《评〈尝试集〉》撰成后，历投南北各日报及各文学杂志，无一愿为刊登，或无一敢为刊登者。此，事实也。"[③]而胡先骕（1894—1968）是在美国加利福尼亚大学、哈佛大学学成归国的农植物学专家，也是站在保守中国传统文化的立场，反对陈独秀（1879—1942）、胡适（1891—1962）等"白话文"和"文学革命"观的坚定批评者。因此，"书评"遂成为《学衡》的五大版块之一，共同扶持着"论究学术、阐求真理、昌明国粹、融化新知，以中正之眼光，行批评之职事"的办刊宗旨。

当吴宓后来被其母校清华大学聘为教授后，他又主编了《大公报·文学副刊》（周一刊，自 1928 年 1 月 2 日至 1934 年 1 月 1 日，共出版 313 期），该刊获得后世学人的赞评："《文学副刊》的书评，是纯粹的学术批评，作者多以严谨的学术态度从事之"，"有的重在评析中外新著的学术见解……有的对已有定评的著作进

[①] 赵晓梅.中国书评史初探［M］.北京：中国工人出版社，2001：6

[②] 齐家莹.清华人文学科年谱［M］.北京：清华大学出版社，1999：1—2

[③] 吴宓.吴宓自编年谱［M］.北京：生活·读书·新知三联书店，1995：229

行翻案，以新的眼光衡定其价值……有的书评摘举其失"。[1]

1921年到清华大学图书馆工作的毕树棠（1900—1983），业余就曾应邀为该刊写作文艺书评。他认识到，"惟就（读书）所见说公道话，乃书评者之天职"。1932年冬，他又评说道："阅《新月》杂志，中书君评周作人先生所讲之《中国新文学的源流》，博学而精论，可谓一篇标准之书评文字。"[2]

笔名"中书君"的钱锺书（1910—1998）的书评，之所以能够获得毕树棠馆员的赞评，是因为受到英、法学统熏染的钱先生，有一个重要的书评观：评论文艺作品的艺术价值，或学术著作知识水平的高低，不能依据读者的多少或社会的反映来进行[3]。如钱先生早年所做《读〈伊索寓言〉》一文，举例批评了其中"好多浅薄的见解"，以证明"《伊索寓言》是不宜做现代儿童读物的"。他指出："小孩子该不该读（伊索）寓言，全看我们成年人在造成什么一个世界、什么一个社会，给小孩子长大了来过活……我认为寓言要不得，因为它把纯朴的小孩教得愈简单了、愈幼稚了，以为人事里是非的分别、善恶的果报也像在禽兽中间一样公平清楚，长大了就处处碰壁上当。"

1939年2月18日，钱锺书先生在位于湖南安化县蓝田镇的国立师范学院外语系教授任上，曾如此调侃当时在文艺界颇有风头的"书评家"：

人生据说是一部大书。

假使人生真是这样，那末，我们一大半的作者只能算是书评家，具有书评家的本领，无须看得几页书，议论早已发了一大堆，书评一篇可以写完缴卷。

但是，世界上还有一种人。他们觉得看书的目的，并不是为了写批评或介绍。他们有一种业余消遣者的随便和从容，他们不慌不忙地浏览。每到有什么意见，他们随手在书边的空白上注几个字，写一个问号或感叹号，像中国旧书上的眉批，外国书里的 Marginalia。这种零星随感并非他们对于整部书的结论。因为是随时批识，先后也许彼此矛盾，说话过火。他们也懒得去理会，反正是消遣，不像书评家负有指导读者、教训作者的重大使命。谁有能力和耐心做那些事呢？[4]

① 雷世文.民国媒体文学的兴起［M］.北京：团结出版社，2011：145

② 毕树棠.螺君日记［M］.北京：海豚出版社，2014：1

③ 书籍也有命［M］// 李洪岩，范旭仑.为钱锺书声辩.天津：百花文艺出版社，2000：292

④ 钱锺书.写在人生边上［M］.沈阳：辽海出版社，2000：1

耐人寻味的是，在 1940 至 1944 年间，钱锺书先生担任了国立北平图书馆的英文馆刊《图书季刊》的首席编委。1946 年 6 月，他又被聘为由重庆迁回南京的国立中央图书馆编纂兼英文馆刊《书林季刊》总编辑，该刊设有《论著》《书评》《书刊简介》及《新书目录》版块，是一份人文学术杂志。至 1948 年 6 月停刊时，共出版七期，其中有其署名的外文书评和学术论文七篇。1946 年，钱先生担任了迁回上海的暨南大学外文系教授，开设了"文学批评"和"欧美名著选读"等课程。

1930 年前后，清华大学教授朱自清（1898—1948）在讲授"中国新文学研究"课程时，把"书评"作为讲课内容中的重要单元。他自己也操笔撰写过若干书评，并在日记中悄然表示，"作书评"为平生"素志"之一。1934 年 1 月 29 日，鉴于《大公报·图书副刊》的编者在"卷头语"中慨叹二十余年来中国出版书籍之少，他在《独立评论》第七十四号上发表了一篇题为《论青年读书风气》的文章加以澄清。他认为，那编者"只就量说，没说到质上去"，事实上是当日我国的"概论""大纲""小史"一类的"架子书"，已经出版得太多太滥，"因为这种书至多只是搭着的一副空架子，而且十有九是歪曲的架子。青年有了这副架子，除知识欲满足以外，还可以靠在这架子上作文、演说、教书。这便成了求学谋生的一条捷径……但这些架子是不能支持长久的；没有东西填进去，晃晃荡荡的，总有一天会倒下来"。

与此同时，国立编译馆编辑出版有《图书评论》（1932 年 9 月—1934 年 8 月），而一些出版社、书局等也编辑出版了《读书顾问》（1934 年 4 月—1935 年 1 月）等，为读者与书籍之间建起了一道又一道文化传播的桥梁。

1927 年秋，郁达夫在上海所撰《读〈老残游记〉》，是他十余年后重读该书的一篇书评作品。郁文结尾处指出："看一种文学作品，非要设身处地地把作者当时所处的时代环境仔细想一想不可。《老残游记》是二三十年前的小资产阶级的思想。我们若以他的以目下的眼光看来，是完全立于反革命的地位的议论，来断定他的作品的毫无价值，毫无时代性，却是过于苛刻的批评……将他的反革命的思想除去，以文艺的眼光来看的时候，却可以称得起《儒林外史》的后继者，不过笔力弱一点，没有笼罩全书的伟大的精神，所以不能成为一部大作而已。"郁氏的其他文学书评，还有 1934 年秋对英国作家劳伦斯（D. H. Lawrence,

1885—1930）的《查泰莱夫人的情人》之所评等。

1935年11月，萧乾（1910—1999）在燕京大学新闻系的毕业论文《书评研究》，作为王云五主编的"百科小丛书"组成之一由商务印书馆出版问世，标志着发端于欧洲的"书评学"，从此在学理上被正式引入中国学术界。他还将天津《大公报》副刊作为其书评理念的实践园地，组建了一支以杨刚、宗珏、常风、李影心等为主体的书评作者队伍，书评逐渐引起人们的关注。

在我国，最早对书评与图书馆业务之间关系进行独到阐释的，是金陵大学图书馆馆长李小缘（1897—1959）。他在1927年9月完稿的《图书馆学》一书中，用专题形式阐述了优良书评对于图书馆业务的参考价值。当年在公共图书馆界，国立北平图书馆编辑出版过《读书月刊》（1931年10月—1933年9月）和《图书季刊》（1934年3月—1948年12月），前者主要刊载各类书籍，尤其是史著的评介文章，设有《专著》《书报介绍》《读书札记》和《书目》等专栏。浙江省立图书馆编辑出版过《图书展望》（1935年10月—1949年1月，其间因战争休刊八年）等。1936年3月1日，知名小说家、江苏省立苏州图书馆馆员程瞻庐（1879—1943）主笔的《读书乐》专栏在当地发行量最大的《苏州明报》上创立，每半月一期，内容包含有名著推荐、新书介绍、读书心得交流、图书管理研究、书序书跋和各地图书馆消息等。该专栏办到次年6月苏州城沦陷为止，共计出刊三十期。

综上所述，当代图书馆界的专业馆员应将近代以来书评写作这一优秀业务传统继承下来，并发扬开去。

三、当代学界人士所做的若干书评定义

20世纪80年代中叶，当代文学书评家董鼎山（1922—2015）在其所写《书评与书评家》一文中指出："写得好的书评家为何这么少？一部分原因与书评的定义有关。在文学史上，从未有人明晰地解释过一篇书评的目的。书评是要向作家负责，提出批评意见，还是要为读者服务，通过评介使读者节省时间和精力，抑或向作者与读者同时提忠告？"①

---

① 书评与书评家［M］//董鼎山.西窗漫记.北京：生活·读书·新知三联书店，1988：350

那么，什么才是被人们在口头上习惯性地简称为"书评"的图书评论呢？

《中国大百科全书·新闻出版》对"图书评论"的释义是："对图书的内容（与形式）进行评论并就图书对读者的意义进行研究的一种社会评论活动，简称书评。它是宣传图书、引导读者阅读、提高图书质量，以及进行学术研究和讨论的重要手段。图书评论比图书介绍的内容更深刻，倾向性更鲜明，在介绍图书内容和特点的基础上作深入的分析和评价。具有公开性、广泛性和新闻性的特点，在现代社会的报刊上，书评是经常出现的一种文章体裁形式。"①《中国大百科全书·新闻出版》对"图书评论"所做的解释，在当时是比较全面的，但也并非没有可供进一步商榷之处。

天津百花文艺出版社编审徐柏容（1922—2014）在其所著的《书评学》中说："书评就是对书籍进行评论、分析，探讨书籍的内容——思想性、科学性、艺术性乃至书籍的形式，从而对书籍进行价值判断，包括对书籍正面的价值判断与负面的价值判断。正面的价值判断就是阐明、发扬书籍内容及形式的优良、美好之处，负面的价值判断就是指摘、批评书籍及形式的瑕疵、错误之处。"②

安徽大学教授徐召勋在其主编的《书评学概论》中说，"书评就是对图书的评论"，"书评可以以文章的形式出现，也可以用序、跋、书信的形式或其他形式"，但"有些内容提要、学术论文、文艺评论、作家论或人物论等也是从不同的侧面或不同程度地评论图书。而它们都不是书评"③。

由上述有关"书评"的定义，并结合当下全民阅读和图书馆阅读推广的语境，我们认为，书评的选材应该是一切记录和保存着信息、知识、思想的书册样读物——无论它在载体形式上是纸张质地的写抄本、印刷本，还是文字数字化的电子版；无论它在内容篇幅上是属于书籍，还是"小册子"；无论它在时代上是属于古书旧籍，还是在版新书。

北京大学教授孟昭晋在《书评概论》中披露，在收录语词约止于清道光二十年（1840）的《辞源》（1979年版）里找不到"书评"一词，说明它属于近代才

---

① 中国大百科全书编委会.中国大百科全书·新闻出版［M］.北京：中国大百科全书出版社，1990：328

② 徐柏容.书评学［M］.哈尔滨：黑龙江教育出版社，1993：19

③ 徐召勋.书评学概论［M］.武汉：武汉大学出版社，1994：1

进入汉语之中的外来语词，"是近代报刊业兴起后才引入中国的一个新事物、新概念和新语词"。他在书中又通过关注《辞海》（1961年分科试行本）先是收录了"书评"词条，然后在1965年"未定稿本"去除该词的事实，说明在"书评"被移植至中国内地后"在我国文化生活中的地位还不够高，影响力还不够大"①。

与此同时，孟昭晋先生还通过对外文文献，尤其是对英文文献中有关"书评"一词做考量后指出："英语世界中'书评'与报刊有着紧密关系。它们强调书评的新闻性，视书评为报刊内容的内在组成部分。"因此，他十分认可兰登书屋（Random House）编辑出版的1973年版大词典中对"书评"（Book Review）的释义："评论家、新闻记者或其他人，在报纸或杂志上发表的，对于刚出版的新书的评估、分析和评论性的文章"，认为这一定义"内容丰富而具体。涉及了书评活动的主体（书评作者）、书评的对象（刚出版的新书）、书评的传媒（报刊）、书评文章的特征——评论性，特别强调了书评的新闻性"。为此，孟先生从文体意义上提出的"书评"定义是："借助大众传播媒介及时通报近期新出版的具体图书，并对其价值进行简洁的分析评议的一种文章。"②但笔者以为，如果"书评"仅以"近期新出版的具体图书"为对象，未免大大局限了"书评"文体社会效用的发挥，而"简洁的分析评议"的规定，又将"书评"文体束缚在了大众传媒附属品的地位上。

或如董鼎山在《书评与书评家》一文中所披露的那样，在美国文坛人士的观念中，"文学评论家是文学研究者，而书评家有如报道新书的记者，前者的学问当然较后者深奥"，以至于美国当代两位被公认为最好的书评家——埃德蒙·威尔逊（Edmund Wilson，代表作是被视为开拓了美国现代派文学的《阿克瑟尔的城堡》）与西瑞尔·康诺莱（Cyril Connolly）都不愿意自称"书评家"（Reviewer），而乐意被人视为"文学评论家"（Critic）。他分析说，这是因为"在工作条件上，一篇文学评论需要较长的思考时间，也需较多的篇幅；而一篇书评却往往要在报刊编辑催促之下限期交出。文学评论家不一定有能力在短期内写出一篇书评，字数的限制（书评都是短的，大概自九百至一千五百英文词），也当然限制了写

---

① 孟昭晋. 书评概论［M］. 南京：南京大学出版社，1994：1
② 孟昭晋. 书评概论［M］. 南京：南京大学出版社，1994：6

书评者的发挥……但是就读者而言，四五千字的长篇大论会令人打瞌睡。因此，像《纽约时报书评周刊》那类刊物，书评都是短的。而《纽约书评》半月刊的长文使有些人觉得厌烦"①。

在美国，"把书评当作专业的人数并不多"，而被日报或时事周刊社全薪雇用的专门书评写手，也就形成了所谓"职业书评家"群体，或被称为"文学新闻记者"（Literary Journalist），其职业形象和社会身份与专业的"文士"（Literary Man）颇不相同。"职业书评家认为传记、回忆录、日记、书信集之类的书，容易写出好书评来。因为这些书中人物都是已成名的，而他们的生活隐私不但读来有趣，而且评来有劲。小说的书评比较难一些，诗集的书评更难。我往往以为诗集应该由诗人来评论，职业书评家如不懂诗，写文章又有何用？根据我的阅读书评刊物经验，职业书评家所评最多的是小说，最少的是诗集。不过这现象又跟读者兴趣有关，一般日报周刊的读者所要知道的是如何从大批新书中挑选一本可读的小说，职业书评家（所谓'文学新闻记者'）就有这类服务性的职责。"董鼎山指出，"大部分写书评者则是学术界人士，或是小说作家、诗人等；他们应邀偶写一篇书评，赚一些外快。也有一些喜爱读书的其他行业人士，例如一个银行家（如果他在业余爱读书喜写作的话）会写一篇有关金融经济新书的读后感，一位曾在政府任事的退休官员会写一篇有关政治人物传记的书评，等等。书评都不是投稿而来的，而是编者慕名约请的"，"也有人指出，基金会的支持以及大学校的雇用创作家教课的现象反引致美国一般书评局势的衰退。这些创作家进入了象牙塔后，似不屑为报刊写比较轻松的书评小品。有的大学城住有不少作家，可是本地报纸篇幅上难得有他们的作品出现"②。这也是美国文坛缺少好的书评文章和专业的书评家的一个背景原因。

四、在图书馆阅读推广语境中的书评观

作为一种对图书的具体内容和装帧形式进行信息通报，进而做出价值分析和评判的文体，其实书评可以不站在报纸杂志或其他网络媒体需要的立场，对所评

---

① 书评与书评家［M］//董鼎山.西窗漫记.北京：生活·读书·新知三联书店，1988：351
② 书评与书评家［M］//董鼎山.西窗漫记.北京：生活·读书·新知三联书店，1988：351—353

介图书是否新近出版以及书评文章的篇幅加以人为的限制。因此，综合上述诸说加以分析、提炼，笔者认为，"书评是一种对图书的内涵信息和外在装帧形式所做的评论文章"①。

图书体现在内容方面的信息，有知识性、科学性、学术性、思想性等；体现在外在装帧形式上的，包括书衣、版式、字体、字号等在内的艺术和技术要素。所谓"评论"，就是针对上述元素，通过解读、鉴赏、分析、批评等手法，对图书的整体价值做出正面的或负面的，或者正、负比重方面的评估。在图书馆阅读推广的语境中，我们提倡各级各类图书馆专业馆员能够依据自己的专业背景、阅读爱好，从事以"大众书评"为主、"学术书评"为辅的阅读和写作，作为保持读书兴趣和求知欲、提升阅读量和学习力的重要方式。

第二节　图书评论的文章类别

书评的文体选择和写作构思，须以所评图书及其读者对象为主体来考虑，兼顾书评约稿者及发表媒体的要求。在写法上要开门见山，贵在言简意赅，追求知识性、可读性的统一。无论是标题立意、谋篇布局，还是遣词造句、标点修辞，都应注意在细节上推敲到位。②

一、"大众书评"和"专业书评"

基于被评图书内容的深浅度和读者接受宽窄度的不同，图书及其书评读者的范围大小、人数多少也有不同。孟昭晋在《书评概论》中依此把书评划分为"大众书评"和"专业书评"两大类别③。

"大众书评"，又称"（报纸）副刊书评"，是指针对读者面广、量大的图书（如文学、艺术、史学、传记、游记图书，以及社会科学、人文科学和自然科学、技术各门类的普及读物等），为专业以外的普通读者所写的书评。这类书评大多

---

① 徐雁.故纸犹香［M］.太原：书海出版社，2004：177
② 徐柏容.碧纱巾挂珊瑚树——书评的艺术［J］.出版发行研究，1990（6）：53—58
③ 孟昭晋.书评概论［M］.南京：南京大学出版社，1994：30

发表在报纸副刊、专刊的书评专栏或专版上，以及一些大众性的期刊或读书杂志、书评期刊上。北京师范大学中文系教授蒋原伦在题为《书评——当代人的一种文化选择》的论文中提出两个重要论点：其一是"书评是当代人接受文化的一种方式"，其二是"书评反映时尚"。这里且来略说前者。他认为：

> 书评是当代人接受文化的主渠道，即我们能在书评中最快捷地获得新的文化知识和了解这方面的最新信息……读者希望大众媒体能够以快捷、简明的方式，介绍书本中的文化知识，希望通过书评来把握最新文化动态。书评也恰恰是文化动态的最生动体现者，它总是能把产生较大影响的书——最优秀的，或者仅仅是最时髦的（有卖点的）；最深奥的，或者是最有争议的；再或者是读者当前最关心的——从密密麻麻的书架上挑选出来，予以推介，予以评述……

> 总之，在今天，凡是能与时代潮流合拍、能激起文化涟漪的书籍决不会被大众书评漏掉。书评在信息时代担任着不同以往的任务，评介书本、判断优劣、说长道短是它表层的职责，而深一层看，它体现着当代人对文化的态度和接受文化的方式。书评选择好书或值得一评的书，而媒体和大众则选择书评。①

为什么能这样？蒋原伦指出，正是"书评的这种方式决定了它具备这方面功能"。他说，书评这种文体的特点，决定了"它能够对当下的文化作出最迅捷的反应"，因为"书评体裁的短小精悍，使它能够在最短的时间内，对哪怕是数十卷的煌煌巨著表达出原初的感受，这种个别的，未经反复提炼的，但是却十分真实的感受，是当代人文化生活的一个重要组成部分；它能够以相对简明的叙述，道出所评书籍的精粹，以飨读者，并使读者在瞬息之间了解新近的文化动态"。

蒋原伦在论文里所说的，当然是主要以大众媒体为载体的"大众书评"。因此他说："大众书评本身的角色和地位决定了它不仅不可能漠视这类代表时尚的书籍，而且它还必然追逐时尚。大众书评是以对时尚的敏感并迅即作出反应为己任的。其中最能反映书评追逐时尚的是那些被影视剧炒红的书籍，其中多半是情节庞杂的长篇小说，例如《围城》《雍正皇帝》《天龙八部》《牵手》等等。"②

所谓"专业书评"，又称"学术书评"，是指同行专家为学识性强的学术

---

① 蒋原伦.90年代批评［M］.天津：天津社会科学院出版社，2000：93—94
② 蒋原伦.书评——当代人的一种文化选择［J］.北京师范大学学报（人文社会科学版),2000（1）:116—122

专著撰写的专业性书评。这类书评一般都会发表在专业性强的学术刊物上，其篇幅也往往比较长。针对学术书评，杨联陞（1914—1990）曾经指出："许多人认为书评不重要。我则以为一门学问之进展，常有赖于公平的评介。很盼望像西洋、日本，养成良好的风气"。他认为，"写书评最重要的，是要先知道这一门学问的现状、行情，这自然不是一朝一夕能做到的"，但"写书评可以长学问，交朋友……为己而亦为人，何乐而不为哉！"他披露，在美国，学报约请学人写书评，不仅没有稿费，而且往往还限制字数，先要得到评论者应允才肯寄赠著作样书。但"若是长篇评论，可以投稿，学报认为可取才收入"。他建议，"书评之前可就内容加一题目，引起编者、读者注意，实已近似论文。著作目录，书评可以列入"[①]。

1977年9月23日，台湾语文学家周法高（1915—1994）在香港中文大学中国文化研究所时，曾应约为梁容若（1904—1997）的《谈书集》作序。当他提笔时，脑海中首先浮现的便是梁先生坚持十余年主编台湾《国语日报·书和人》而习写书评的难得经历，以及由此练就的深入浅出的可贵的学人文笔："梁先生年已七十多岁，近年旅居美国，还能够孜孜不倦，老当益壮地埋头于书卷之中，写书评常至万言左右，这种精神更是值得提倡的。我虽然喜欢读书，涉猎的范围不算狭窄；可是不敢深入写书评之类的文章。这是由于我深知涉猎群书虽是一件快乐的事，但写书评却是一件吃力不讨好的苦事；因为书评往往为了一字一句之微而要翻查好多书，又为了要提要钩玄而将一本书缩成数百字，这实在是很辛苦的。"他认为，梁先生"丰富的学识"和"如数家珍的笔调"，使得他在评论学术著作的时候，总是给人以驾轻就熟、举重若轻的观感。今观收录在《谈书集》正文中的二十篇书评和二十一篇书序，梁先生的书评风格确已清晰可见。由此及彼，周先生自然联想到了国际汉学界的两位书评家。他说：

以前法国的汉学家伯希和以擅长写书评得名，那是由于他具备广博的学识，特别是对于十几种亚洲语言的知识方面，更加上他对于中国学术也有相当的了解……在中国学者中，杨联陞先生的书评也是很有名的，他对于中国方面的知识，也是相当广博的。另一方面，也是相当细心，对于大义微言和细微末节，都不肯

---

① 杨联陞.哈佛遗墨：杨联陞诗文简［M］.蒋力，编.北京：商务印书馆，2004

轻易放过。我们可以说：书评写得好，非有具有毅力、细心、丰富的知识和敏锐的观察力不可，而这些正是他们三人所同有的；可是梁先生动人的文笔，引人的谈锋，却是他所以不同于伯希和及杨先生的地方。另一方面，伯希和及杨先生专门学术性的书评，虽然一般人不见得有兴趣和看得懂，却也构成了他们高度学术化的特色。二者可谓各有千秋。

在美国哥伦比亚大学历史研究所获得硕士学位的张玉法，是中国近代史研究的名家。他在《如何评论一部史学论著》的引言中说道："本文系根据哥伦比亚大学教授 R. K. Webb（威卜）的讲义写成。"威卜认为，评论一本学术著作，应当要说清楚以下一系列问题：这本书是写什么的？其论题是什么？著作者有没有什么新发现？这本书所用的资料是什么？是不是第一手资料？著作者有没有借助其他人的什么研究结果？如果借鉴了，都是哪些？他是否在书首陈述了以往学者对这个专题的研究进展？尤其是要推敲一下这些被引用的资料，是否会推导出相反的结论？这些资料是否经过考证和选择？是否有先入为主的误读可能？资料和结论之间的关系如何？这本书给人的美感如何？有没有可读性和吸引力？

张玉法认为，如果一篇学术书评没有这些预设的评价标准，那"不是乱捧一阵"，便是"胡骂一番"，就使得学术界没有了"是"与"非"，后果会非常严重。他说，如果不了解一书的价值而对一书大加褒贬，乃是一种"知识上的欺骗"行为。由此可见，真正的学术书评，是为了一部著述的是非得失、好坏佳劣的褒贬而来的。因此，葛兆光认为，依靠权威的学术型书评，就有可能把好的和坏的学术著作区分开来。他认为这样做的好处是：第一，学术界有了"舆论监督"和"公共批评"，这就像一个社会有舆论、清议一样，有关于好坏是非的公论，学界才有秩序，有秩序才可以是一个独立的学术界。第二，如果有权威而内行的书评，一些假冒伪劣的产品，特别是一些"隐瞒证据"的论著，就会被曝光。大家要知道，有些看起来冠冕堂皇的论著，其实就是乱抄乱写，并没有什么严格的资料证据。中国学界的弊病之一，就是这类"伪著作"太多，可这些情况外行是不了解的，需要内行才能指出问题。第三，这样的书评出来，才能够省去读者选择的时间和精力——这些读者既包括非专业的，也包括专业的。有了这样的书评，后来的专业研究者就可以按图索骥，很快找到有用的书籍。[①]

二、"肯定性书评""否定性书评"和"中性书评"

这是按照书评者对所评之书的基本态度倾向来划分的[②]。

所谓"肯定性书评"，即"推荐性书评"。这种书评作者认为所评之书有重大的正面的价值，因而对其持彻底肯定、充分褒扬和积极推荐的态度。值得注意的是，肯定性书评必须要有充分的论据来支持自己的观点和立场，不能滥施溢美之词。

所谓"否定性书评"，即"批评性书评"或"毁灭性书评"。这种书评认为被评之书有较大的负面价值，对读者、出版文化及社会的进步有危害，因而持否定、贬斥、揭露与批判的态度。

所谓"中性书评"，属于基本肯定性书评。这类书评在书评作品中占绝大部分。一般是指那些认为被评图书有值得基本肯定的价值，同时又以客观分析、冷静评述的态度指出其存在的优点、缺点的书评。

三、"印象型书评"与"解析型书评"

这是根据书评写作中所运用的方法与书评文章的风格来划分的[③]。

所谓"印象型书评"，是指以表达感性反应为主，偏向于主观感受，凭书评作者个人的学术或艺术的直觉，表明对作者作品印象的书评。大多采用描述、抒发的方式，以表达自己对一部书的发现与感受，包括感受的过程和总的印象等。一般不深究其所以然，但也足以对书评读者提供启发和教益。如笔者所写《重读汪曾祺作品感言》就是一例。

所谓"解析型书评"，是指那些观照全书，在客观、理智、冷静的分析之后评介内容，指陈优劣，并有依据地做出适当的评价的书评。这类书评往往强调客观的、公认的标准，而不重视论者个人的主观感受。如笔者所写的《汪荣祖的三

[①] 葛兆光.从学术书评到研究综述——与博士生的一次讨论[J].杭州师范大学学报(社会科学版)，2012（5）：129—136

[②] 孟昭晋.书评概论［J］.南京：南京大学出版社，1994：32

[③] 孟昭晋.书评概论［J］.南京：南京大学出版社，1994：34

部历史随笔集》即是一例。

第三节　图书评论的文体格

　　既然书评是对图书的内涵信息和外在装帧形式所做的评论，那么它的文章格局也就有基本的定式。以下将要讲的，是一般书评文章的基本格式。除标题需要苦心构思和创意外，一篇结构完整的书评作品，应当具有描述、解释和评价的基本格局。

一、书评文章的"标题格"

　　一般说来，我们认为一篇书评应该有一个言简意赅的标题，或者选用正、副相配的组合型标题，但不管何种标题，都应该尽量纳入所评图书的书名（有时还可以嵌入作者名字和著作方式）、体裁，开宗明义。萧乾在《书评研究》第六章中指出：

　　中国书评的标题几乎都是在原书名的前面冠上"读""评""论"一类的字样。偶尔另冠以较长的形容词，如"值得一读的 ××"，但在原书名外另作标题的实不多见。

　　…………

　　书评若欲抓到读者，标题是最初又最明显的途径。如果标题能揭示原作之要点，那比书名总有兴味多了。因为书名，特别是中国的，特别是学术的，只能表现原书的性质（像《人类学》）。书评标题应剥开那层皮，揭晓它的内容，所以应来得分外醒目动人。在评者方面呢，一个恰当的标题本身就已是诠释或评价了。它代表一个观察点。像一个天窗，它展示了原书的某一重要部分。书如做得马虎，标题是做不恰当的。头脑若像石板那样僵、那样冷，标题做也做不出的。因为标题代表一种热烈的兴趣、一种灵机的憬会，它是企图将那些传达给读者的。[①]

　　因此，萧乾倡导我国书评作者，要多多借鉴英美书评家常用的那种"极醒目"

---

① 萧乾.书评研究［M］//孟昭晋，王波.萧乾书评理念与实践.石家庄：河北教育出版社，1999：62—63

的标题方式。他列举了如下五种西方新闻报纸上常见的书评款式：第一种是旨在"表现原书题材"，如"勃克夫人完成了她的中国生活三部曲"（评她的《分裂的家》——再续《大地》）；第二种旨在"表现原书作者的观点"，如《一本温和的革命论》（评《叛革的美国》）；第三种旨在"表现评者感想"，如《笑罢，吮血者，笑罢！》（评《美国国际公债论》）；第四种旨在"指明人物"，如《拉毕德成了英雄》（评路易士《艺术作品》）；第五种旨在表达"评者的讽谏"，如《斯达夫民族的乌托邦》（评威尔·杜兰《俄国的悲剧》）。①

可见，为引起读者对一篇书评的阅读兴趣，需要书评作者通过自己的深长思考，尽量发挥文化创意力，为书评拟写一个既妥帖得体，又能够吸引读者阅读注意力的标题。这也就是萧乾以"一个天窗"来讲述书评标题重要性的原因。

二、书评文章的"描述格"

一篇合乎章法的书评，在正文中首先要传导给读者的，应该是描述该书，即书评作者要客观记述和揭示出被评介书籍"是什么"这个基本问题。

书评作者对所评介书籍的描述，主要分为外在物质形态和内在内容特征两部分。外在物质形态，与版权页（或称"书名页"）上的书目著录信息大致相同，即对所评介书籍的题名、责任者、出版时间、出版地点、出版者，甚至页数、开本、定价等需做介绍，出色的书衣和书籍装帧，也值得鉴赏并向读者做审美推荐；而内在内容特征方面，则需要对所评介书籍的篇章结构、题材、主题、研究成果等做简要叙述，而这又与"书目提要"的文体性质颇为接近。孟昭晋教授在《书评概论》中指出：

它的第一种要素就是提供了关于一种图书的实际知识，或说它具有关于一书的确指性因素。这包括对该书物质形式特征的描述（题名、责任者、出版时间、地点、出版者、页数、开本、定价等）；对该书内容特征的简要描述（篇章结构、题材主题、研究成果与材料等的简约复述）。书评读者从书评中得到的全部新认识是以此作为基础和起点的。书评中的确指性因素决定了书评的第一个内在功能，即描述功能。书评的描述功能，是指书评首先要回答被评论的客体"是什么"这

---

① 萧乾.书评研究［M］//孟昭晋，王波.萧乾书评理论与实践.石家庄：河北教育出版社，1999：62

个问题，即要表达出被评图书在形式上和内容上的基本特征。①

如笔者在一篇集束书评的开篇写道："无意中，先后得读台湾史学家汪荣祖的历史学随笔两种三册，即《学林漫步》初版（百花文艺出版社 1998 年 10 月版）和增补版（江苏教育出版社 2005 年 9 月版），以及最新问世的《书窗梦笔》（中国人民大学出版社 2007 年 6 月版）"，在后文中，笔者还补充指出：

增补版与初版的不同，在于"增补"。大抵在初版之"谈艺"辑增入五篇、"书后"辑增入八篇、"随想"辑增入六篇、"人影"辑增入八篇，凡新增了二十七篇。其所增，按类相从，以便阅读。如"谈艺"辑原有《浪漫的"五四"》一文，增入的《"五四"思想性格的再商榷》便插于其后，而"书后"辑所增入的文章，主要集中在中国史著之后、外国史著之前。②

再如，在一篇推介《毛姆读书随笔》的书评中，笔者是这样开篇的："生于法国巴黎一个律师之家的英国著名小说家、戏剧作家和文学评论家威廉·萨默塞特·毛姆（W. S. Maugham, 1874—1965），在小说评论和读书随笔方面主要有《书与你》《（世界）十大长篇及其作者》和创作回忆录《总结》三部著作。1999 年，刘文荣依据上述三部原著，选译出三十二篇读书随笔和评论文章，编为《毛姆读书随笔》（上海三联书店 2000 年版），列入'世界名人书话系列'之一出版。该书分为《关于读书》（六题）、《哲学与人生》（七题）和《作家与作品》（十九题）三辑，第一次较为系统全面地介绍了毛姆独特而深刻的读书理念……"

显然，作为一篇书评，无论是多种书的集束书评，还是一本书的单体书评，上述引文中所述及的关于作者的身份背景，及有关图书的基本信息，都必须描述出来，给读者一个明白交代，以便将其引入接下来的评介语境之中。

三、书评文章的"解释格"

一篇书评，还要向读者解释清楚被评介书籍的种种"为什么"，诸如作者为什么要写作此书？此书结构为什么要这样设计？此种结构又是为了反映什么主旨？此外，还应该分析该书的审美效果或论证效果，如对读者有何感染力和说服

① 孟昭晋.书评概论［M］.南京：南京大学出版社，1994：23—24
② 徐雁.秋禾话书［M］.太原：三晋出版社，2009：106—109

力？为什么能取得如此效果？总之，书评的"解释功能"，要求书评作者分析、强化与深入阐述自己的阅读感受和心得。这种感受首先是书评作者通过对所评书籍的阅读而获得的，然后再将其用文字描述出来，以期对读者的阅读产生某种影响。

孟昭晋在《书评概论》中指出，书评的第二种要素是分析性因素。他写道：

书评必须对描述的图书中所具有的种种较为复杂的因果关系作出解析，即在思想中把被评图书分解为各个属性、部分和方面，对其间关系进行思索与辨析。这种分析是和综合相结合的，但首先要有这种分析做前导。书评的分析性因素决定了它具有解释功能。书评的解释功能，是指书评要回答读者有关被评图书中存在的"为什么"之类的问题……简言之，书评的解释功能就是对阅读感受的分析、强化与深入阐述。[①]

以笔者所写《汪荣祖的三部历史随笔集》为例。笔者在这篇"解析型书评"中，先后写下了这样的解释性文字："治史离不开读书，史家读书主要读的是古旧书。因此开卷阅读《学林漫步》，首先入我眼帘的是《善读》《书之恋》和《线装书》诸篇，或者说，它们也就是我解囊买下该书并就此与作者文字结缘的缘由"，"读书不仅能够给人知识和学识，更是能够给人以智慧启迪的。因为守旧开新、继往开来，作为人类社会的大规则，决定了历史运行的基本法则：每一代人其实都是在自身生存的需求和发展的欲望导引下，利用时代所赋予的客观条件，在以往所能掌握的经验基础上，摸索着前行的。仍以书文化主题为评论依据，书中甚多文化忧患之言。至于其史学见解，仅从作者学术简历中可知其有关专著宏富，有《史传通说》《走向世界的挫折：郭嵩焘与道咸同光时代》《章太炎研究》《史家陈寅恪传》《蒋介石评传》等，以此厚积学殖，发为随笔，其当行出色，更是毋庸赘述"。

笔者继续写道："中国人民大学出版社版《书窗梦笔》的文字，同样来自作者 2005 年《中国时报》编辑的约稿，凡五十二篇。本书不分辑，所谈已从学林史库拓展到了社会问题，但其中不少真知灼见，依然令人动容。"并举例对被评介书籍的文化背景和作者的重要观点，做出了必要的"说明"：

[①] 孟昭晋.书评概论［M］.南京：南京大学出版社，1994：24—25

如有关"文言文"与中国文化的关系，他曾在《学林漫步》中指出："中国文化所凝结的文献典籍，自上古到民初都是用文言书写的，没有文言这一钥匙，又安能开启文化堂奥之门？"（《文言与文化》）在本书中，他再次强调说："文言是开启数千年文献载籍的钥匙，没有这把钥匙，从先秦到晚清的书籍，无异会变成尘封的无字天书……长久累积下来的根基，可能一下子就被掏空了"，因此要提倡"抓住中小学的学习时机"，"多读些文言美文打好基础"（《徒看绝艳连根尽》）。对于中国学校教育问题的忧思，是本书中一个值得注意的话题……"①

四、书评文章的"评价格"

书评作者必须要在文章中，明确回答被评介书籍"到底怎么样"这一至关重要的问题。

一篇书评的"评价功能"的发挥，是建立在"描述功能"和"解释功能"基础之上的，往往是书评作者在超越所评审的对象基础上做出的一系列价值判断。具体内容，可包括对被评书籍的思想、内涵、内容成就、艺术特色、学术造诣，及其社会意义等做出判断，对该书的读者审美接受、精神文明效益做出预测。由论点、论据、论证构架起来的对所评介书籍的基本价值评估，是整篇书评的点睛之笔，也是一篇书评的"豹尾"。至于如何更有条理、更富文采，赋予书评文章更多的人文情意和思想哲理，则是更高一个层次的作文水准要求了。

孟昭晋指出，书评的第三种要素是综合性因素。他说：

这种因素的表现，就是在被评图书描述与分析、解释的基础上，进一步开拓思路而作出的一系列判断。诸如书评中对被评图书的思想内容成就、艺术技巧成就、学术成就、社会意义的判断，对该书社会效果的推测与评估等，由论点、论据与推论组成的这些判断因素，使书评具有了评价功能。这种功能要求书评作者在书评中，要回答被评图书的价值究竟"怎么样"的问题。评价功能就是指书评应能依据一定的价值观、评价标准，综合被评图书的具体状况，提出并表达代表一定社会群体的对被图书的价值态度。②

---

① 徐雁.秋禾话书［M］.太原：三晋出版社，2009：109
② 孟昭晋.书评概论［M］.南京：南京大学出版社，1994：25—26

笔者在这篇题为《汪荣祖的三部历史随笔集》结尾处的评价之语是："《学林漫步》和《书窗梦笔》是能够既'提供新智'，增广见闻，又能'启沃心智'，震撼心灵的好书。"①

这是把结论放在书评的最后说，但也可以开门见山地先说出来的，如笔者在"印象型书评"《重读汪曾祺作品感言》一文的开头是这样写的：

无论是重读还是初读，最忘怀不了的，是汪曾祺先生作品中的乡情味。那些寻常的文字，出自他的笔下，但闻泥土的芬芳，草花的芬芳，乡情的芬芳，淡淡的，都弥散在字里行间。适意的描叙，闲雅的笔墨，锦心而绣口，沁人肺腑。那份适意，是曾经浮华洗礼之后，嚼得菜根式的返朴；那份闲雅，则是看过绚烂之后，还我初服样的归真。所以显真，显切，更显实，显诚，有表情达意历久弥新之致。

在经过了引文和阐发之后，承接以如下一段兼具解释性和评价性的文字：

我觉得，汪先生的文笔，乡土味易仿，书卷气难学，而要锤炼得这一丁点士气，则难上难矣。因为那是起落颠倒的时政，与其出处遭际和内在性情气质的合成品，难以实验，更无法复制。一个文学家的成长和长成，常常是如此得难能，如此得惟一。

乡土味、人情味与书卷气的和谐统一，成就了汪先生小说和散文的可读性，也成就了他的文学生命力，让他的作品既有应时发表的文学市值，又有了历时传世的人文价值……淡淡的忧伤，因人生的无奈而嘲谑，再加上源自生生不息的生命律动的欢快，以及不刻意从悲剧方面来寻求创作的所谓"突破"……构成了汪曾祺别具个性色彩的"文学"。

"我所追求的不是深刻，而是和谐。"他在《汪曾祺自选集》的序言中如是说。一个"生长在水边的人"，一个"平常的、平和的人"，一个爱看倪云林"平远小景"的人，一个"安于竹篱茅舍、小桥流水的人"，为眼前景感动，被胸中意激荡，提笔为故乡和他乡纪实，写出长存于心的乡土风物，造型尘世间的寻常儿女……要是借用汪曾祺句式来诘问："也许这不太'典型'，但它也是文学的一格，文学的一式，这不好么？"

——汪曾祺的"文学"，将不因与时俱进而稍减其作品的光华。我以此语为

---

① 徐雁 . 秋禾话书［M］. 太原：三晋出版社，2009：110—111

汪先生去世十周年祭。①

至此，书评作者对作家作品的推崇推介之意，不仅和盘托出，溢于言表，而且进一步强化了读者的阅读接受印象。

总之，在一篇书评文章的构思、行文和修改定稿过程中，如何描述、怎样解释，最后又如何评价，这三个方面的基本功能都要在构思中考虑到，在行文里尽可能地兼及，才能使出自笔下的书评文章在结构上比较完整、学理上比较流畅、情感上比较饱满。

五、书评文章的"品赏格"

一本书或者一套书的整体装帧水平，尤其是封面设计艺术的佳劣美丑，也应该成为书评，尤其是"大众书评"的话题，书评作者不妨对此多加关注。

那么何谓"书籍装帧艺术"？当代书装设计师邓中和认为，装帧是对书籍的"美术设计"，"不仅是为书籍设计一张封面，而是以书籍的整体形态为载体的多侧面、多层次、多因素、立体的、动态的系统工程"②。

温梓川（1911—1986）在《洪雪帆与现代书局》一文中，曾经谈到这样一宗有关书装的掌故：

一天，我忽然接到洪雪帆的一封短简，说是《恋歌二百首》已出版了，希望我到编辑部一谈。我随即前往，一见面他就递了一本《恋歌二百首》给我说："你的书印得美不美？"原来是用粉红色的七十磅道林纸，内文用蓝墨印。虽说是四十二开的袖珍本，封面是用桃花堆砌的图案，四色套印，倒是相当精美可爱的。"封面是谁画的，叶灵凤？"我说。"不，郑人仄，"他说，"叶灵凤设计。""这本书真美！"我说。"我给你介绍认识，以后你的书，他都可以给你画封面！"他说。③

在半个多世纪前，一个私营书局的老板和图书的作者，曾经是如此看重自己的出版物的封面。然而，如今在一些媚俗唯恐不及的出版社那里，这种讲究图书

---

① 徐雁.秋禾话书［M］.太原：三晋出版社，2009：165—174
② 邓中和.书籍装帧创意设计［M］.北京：中国青年出版社，2004：29
③ ［马来西亚］温梓川.洪雪帆与现代书局［M］//［马来西亚］温梓川.文人的另一面——民国风景之一种.钦鸿，编.桂林：广西师范大学出版社，2004

装帧设计的优良传统，却早已被抛之脑后了！

许民彤在《烂封面与好书》一文中披露说：

最近有一幅图书封面在网络上广为流传，学者张鸣在微博上贴出著作《张鸣重说晚清民国》的书影，表示出版商的封面设计令人无奈：将作者照片拼接于历史人物身边，穿大红衣服的教授与黑白的慈禧太后"排排坐"，简单粗暴的图片处理使得封面画风诡异，与较严肃的书籍内容颇不协调……这引发了网友对书籍封面设计的疯狂吐槽。还有人找出同系列书籍的另一封面，封面设计如出一辙，甚至更加违和：作者与袁世凯"勾肩搭背"，仿佛穿越一般……由此，笔者不禁又想到知乎网上曾有一篇关于图书封面设计问题的调查，其中读者也是纷纷吐槽阅读中碰到的这类问题，对那些封面设计非常糟糕的现象，纷纷直陈"哪些烂封面坏了一部好书？"这无疑是对书籍封面设计的一种警示。

作为图书的附属品，封面是图书装帧艺术设计的一部分，再加以对书籍内容介绍的简洁精巧灵动，不仅可以方便读者选购图书，还成为书籍不可或缺的一部分。但是，对于如今这种图书封面设计问题百出已成泛滥现象，一些作家、评论家和读者表示，已经到了十分反感、深恶痛绝的地步。

要把阅读变成生活的一个部分，书籍设计家的作用非常大，但是错误的、糟糕的封面设计，却严重地影响了书本原本的阅读意义。而这些年来，我们阅读的一些图书，恰恰是在这个封面设计关键点上出了不少的问题，有的不惜拉低底线进行"粗鄙化""垃圾化"的设计，有的装帧豪华，却是欺世盗名之作。[①]

由上述引文可见，书籍设计的美丑佳劣，不仅为作者、出版者自己所关注，而且读者也是十分在意的。然则书评者又怎能对于图书的形式美不予置评呢？因此，对于封面设计和整体书装做出必要的评介，应该成为一篇书评文章的有机组成部分。如笔者在《"艾江南"和他的〈碧螺春汛〉》一文中的有关评说：

记得我起初从南京的旧书店里把《碧螺春汛》给淘回来，大概只是受到其书衣的吸引。白底已经泛了黄的书封上，竖印着黑色的作家书名题签，押着一枚红色的阳文姓名图章，作家题签和著作权的功能合二为一，正是简洁封面信息的好办法（那时的封面上例无出版单位的大名）。在留下了大片空白的图章下部空间里，

---

① 许民彤.烂封面与好书［N］.团结报，2016-12-17

正有两三帆影出没风波里，是亚明的封面画呢！《碧螺春汛》初版于 1963 年 7 月，不知当年的封面又是怎样的一种设计？

此类闲笔碎墨，在一篇旨在推介作者、导读图书，进而评说其作品价值的书评文章中，往往起到的是引导读者审美意识、强化读者知识接受的作用。

第四节　有关图书评论的名家傥论

当代文学书评家董鼎山说，书评"触及了原作者，所发表的刊物，读者，出版商，书评家本人"，其实，书评还与读者阅读选择和接受、图书馆工作者有着密切的关系。由于书评是一种对图书的内涵信息和外在装帧形式所做的评论文章，因此，它问世后便成为读者选书、作者写书、编辑审稿出书，及图书馆馆员采访图书的重要借鉴。

图书馆工作者和"在馆书评人"通过了解有识之士对于中国内地书评的种种诟病，可以起到"见不贤而内自省"（《论语·里仁》）的作用。在传统的写印文本时代，人们常常把"阅读"狭义地等同于"读书"。如今，现代知识传播理论和实践，为我们全面认识"阅读"这一人类文化现象提供了广阔的视角。而书评作为文献评介的有效方式，也已经推广到杂志、电子读物、音像出版物和数据库等信息和知识领域。

但在书评走向我国大众的过程中，也出现过微词和议论，甚至有人在报纸上撰文道："书评作者们面对着上门来为其书作评的人，应当少一些情面。本着对读者、对未来负责的精神，想到'书评'不是'托儿'，'书评'宜慎。"①

一、李小缘论书评与图书馆采访工作

1921 年，在金陵大学毕业后任金陵大学图书馆管理员的李小缘（1897—1959），前往美国纽约州立图书馆学校和哥伦比亚大学师范学院学习，于 1925 年获美国哥伦比亚大学教育社会学硕士学位后，回国服务，历任金陵大学图书馆馆

① 李庆辉.　"书评"与书"托儿"［N］.新文化报，1992–3–26

长等。他在 1936 年编印的《图书馆学》中明确指出：

　　书评各有不同。有书评家所著之书评，仅偏重文字之优美；思想平庸肤浅，非所顾及。有出版者所作之广告书评，言大自夸，无见解、学识，不准确套用成语，故最为危险。有读者所著之书评，要在读者之程度，方可定其书评价值之高低。有专门学者之书评，则关于其专门学识，知之较详。故可望其以学术眼光，冷静头脑，批评精神，加以公平判断。是种专门家评，极有价值，此类书评，吾国尚不可多得。亦有由图书馆专家自撰书评，事事求实，语焉綦详，偏于形容书之内容，于选择书时此种评论，为用极多。然非所有新书皆有书评，故必等候。小图书馆经济不宽，尤宜等候书评之意见。而所选以为评之书，多为标准重要著作。图书馆中办事人员假使无可靠书评为之参考，则相形见绌而无标准。[①]

　　那么，到底哪一种书评值得称道并足以参考呢？李小缘指出："好书评，乃无偏见，形容或解释书之内容，并根据著者自认之宗旨，或其出发点，批评其范围、见解、限制与特点及书表面之制造。所谓批评者，乃设身处地了解著作人之优劣、破坏与建设双方兼顾，不仅出之于一味破坏批评。评中更不必论著者之人格。是以评者之学识，详细分析求了解著者之言论、态度与学识也，并使其他读者可了解原书之大意"，但让他感到非常遗憾的是，"中国近来所出之书评，每以攻击个人、辱骂个人为能事，所谓借题发挥"，因为这些借书评之名，行口诛笔伐之实的文章，"对学术思想，毫无半点建树"。

二、萧乾论书评和书评家

　　萧乾（1910—1999），原名肖秉乾、萧炳乾，北京人，中国现代记者、文学家、翻译家，先后就读于北京辅仁大学、燕京大学、英国剑桥大学，曾任中央文史馆馆长。1931 年到 1935 年间，萧乾和美国人埃德加·斯诺（Edgar Snow，1905—1972）等人编译了《中国简报》《活的中国》等刊物和文学集。萧乾 1935 年进入《大公报》当记者，1939 年任伦敦大学东方学院讲师，兼任《大公报》驻英记者，是二战时期整个欧洲战场唯一的中国战地记者。1949 年后，他主要从事文学翻译工作，1957 年被打成"右派分子"，1995 年出版了《一个中国记者看二次大

---

① 南京大学信息管理系.李小缘纪念文集［M］.南京：南京大学信息管理系，2007

战》，译有《尤利西斯》等。

1935 年 11 月，萧乾所著《书评研究》作为王云五（1888—1979）主编的"百科小丛书"之一，由商务印书馆出版发行，它标志着成为一个学科分支的"书评学"，从此进入了中国学术的辉煌殿堂。常风（1910—2002）在评介该书的文章中指出，著作者"具有渊博的智识，深切的同情，透彻的识见与敏锐的观察"，他"先在现代文化中找到书评的地位，先肯定了这个真确的现实，然后他研究一些深微根本的问题。他把他的领域扩大，从最根底里掘出一些材料来考查"。他认为在这一本精湛的小书里，第三章《阅读的艺术》、第四章《批评的基准》和第五章《批评的艺术》，是"全书的重心与精华的所在"，而通篇的文字也是值得赞美的，"他用文学的文字做一部叙述理论的书"[①]。

《书评研究》是萧乾当年在燕京大学新闻系的毕业论文，他通过引述美国人都伏思（R. L. Duffus）所做的社会调查，得出一个结论："一种为一般读者所写的一般书籍的批评"，"随了读者层的扩大，新闻纸销路的飞增，这势力对于著作界、出版界、读书界，都将握有相当的权威。纽约书评家的一句话，也许就成为某本书的命运"。他预测，为未来的中国，"书评总将尾随了文化潮流将稳稳地步入我们的读书界"。[②] 冰心（1900—1999）在短篇小说《空巢》中，曾经写到一位与"我"在中国是大学同窗，后来又同去美国留学并一起学成回国任教，在 1948 年赴美后又返华探亲的老梁的话："……你不知道现在美国出一本书多么困难，我又不会写小说，就是一本小说，能畅销，也极不容易，请名家写一篇书评比登天还难。"[③] 可见都伏思的调查和萧乾的预测，是确有依据的。

在 20 世纪 30 年代后半期，萧乾以其清明的知识理性和丰厚的人文情意，凭借《大公报》副刊园地，积极推介书评文稿发表，发现和扶植书评作者，并为书评大声呐喊，热忱地寄望于"职业化的书评家"能够在中国诞生。他以一部熵火般的《书评研究》，结合扎实的报业书评编辑实践，赢得了"中国书评学之父"的美誉。而《大公报》的"文学书评"也因此获得了历史性的赞评。

---

① 伍杰. 中国百年书评选［M］. 昆明：云南教育出版社，2002：655

② 萧乾. 书评研究［M］// 孟昭晋，王波. 萧乾书评理论与实践. 石家庄：河北教育出版社，1995：4

③ 冰心. 空巢［M］// 晚晴集. 天津：百花文艺出版社，1980：110

萧乾认为，书评是一种"为一般读者所写的一般书籍的批评"，是"推广和提高文化的必要手段"，旨在"为了让读者对书能有比广告来得客观的评价"。他指出，"书评家首先须是一个爱书的人"，其基本态度应该是"诚恳"。而一个理想的"书评家"的标准是："要具有充足的知识和鉴赏力，对实际生活又怀有莫大兴趣。历史沿革对他不生疏，而拾起每本书来，他仍能持涉猎的好奇心，发见它自身的价值。"他大声疾呼："我们需要两个批评学者、六个批评家、五十个书评家。"[①]

尽管到晚年，萧乾曾遗憾地表示，"半个多世纪后，书评并没在读书界成为一种不可忽视的力量"，"以写书评为职业"的书评家也没有出现，而"书评"更未能成为一种独立的"文学品种"。他为此呼吁，在"出版物成百倍地增加"的 20 世纪 80 年代的中国，书评要"能成为一个具有吸引力的文字行当！"这说明，书评要发展成为一种实事求是地评价著述成果的重要文体，还任重而道远。

三、董鼎山论文学书评及"理想的书评家"

董鼎山（1922—2015），当代文学书评家。浙江宁波人。董鼎山先后求学于复旦大学附中、圣约翰大学英文系。1947 年赴美，先后在密苏里大学与哥伦比亚大学研究院攻读，曾任报刊编辑、纽约市立大学教授，1989 年退休。著有《纽约客书林漫步》《西窗漫记》等。

董鼎山发表过多篇有关书评的文章，介绍书评的常识、知识和学识。早在 20 世纪 80 年代中叶，他就在《人民日报》副刊就一篇题为《忆海中驶出的小船——读巴金〈童年的回忆〉》的文章文体和文风提出了严厉批评：作者自以为是地"用美丽文笔写出来的'书评'，读来令我恶心"，董鼎山相信巴金如看到这篇所谓"书评"，"一定比别人更会汗毛直竖"[②]。因为"书评不应是绮丽（的）抒情散文"，"真正的精彩的书评不是随感式的，而是经过详细思考的文学评论，它本身也是文学的一个类型。而真正的文学评论家，就必须有深度修养、鉴赏能力、

---

① 萧乾，李辉，等 . 书评面面观［M］. 北京：人民日报出版社，1989：8
② 董鼎山 . 论书评，忆巴金种种［M］// 纽约客随感录 . 北京：商务印书馆，2014：212—213

客观态度"，也就是说，"一面倒的捧场与一面倒的攻击都应避免，除非有这么一部作品确值得这样的称赞或贬谪"①。

1986 年 2 月 8 日，董鼎山于纽约的书房中写作完成了一篇名为《书评与书评家》的文章。他认为："真正有艺术价值的作品，书评家都会同意。一位把显而易见的杰作批评得一文不值的书评家，没有鉴赏的能力，便不能算是书评家。相反地，由于政治、交情、亲属等原因而把一部平淡作品捧上天的书评家，丧失了他的职业道德，便不配做书评家。"

那么，怎样的文章才算得上是一篇精彩的书评作品呢？董鼎山认为："书评是一个深奥的头脑对一本书的思考后的产品"，因此，书评家需要思考："在内容上，出版这本书是否必要；在写作上，作者是否胜任？"为此，他对于所评图书及读者的社会文化责任是："他必须报道书在说些什么"，"他必须评判作者说得恰当与否"，"他必须确定作者所说的是否值得一说"。

那么，怎样的作者才称得上是一个好的书评家呢？董鼎山认为，书评家需要有一种"文学正义感"，也就是为人为书"打抱不平"的愤慨精神，"看到低劣作家受捧或优秀作家被忽视或误解时，他会觉得犹如个人受辱，要挺身直言"；"好的书评家除了需要有一点愤慨的气质外，也不能过分宽宏大量。书评家的最终目标是发现新的写作天才……过分慷慨宽大的书评，不但不能督促一位作家的进展，而且徒然造成书市上'杰作'充溢的气氛，令人怀疑文学水准的低落，同时减轻了真正杰作的分量"②。他指出：

一个理想的书评家应有这些条件：一、他对文学的热爱必须在他作品之中表达出来。二、他本人的文学修养应在他的文句中显示出来。三、如果他是学者、学术家、教授，他便不应在书评文章中卖弄他的身份。四、他的观点立场应是很明晰犀利的，不是模模糊糊的；零零碎碎的意见不能代表一个确实的观点。五、他的文章应具有相当的机智；不过机智并不是绝对的，有的严肃评论便不需要机智。六、他必须于心无愧，一面要对新书抱怀疑的态度，一面必需尽量的公正。七、他当然必须有广读博学的基础。③

---

① 董鼎山.书评与书评家［M］// 西窗漫记.北京：生活·读书·新知三联书店，1988：347
② 董鼎山.书评与书评家［M］// 西窗漫记.北京：生活·读书·新知三联书店，1988：349
③ 董鼎山.书评与书评家［M］// 西窗漫记.北京：生活·读书·新知三联书店，1988：353—354

在晚年所写《译作，原作，书评》一文中，董鼎山更清晰地表明了自己写作书评的立场。他说："起一些宣传或广告作用，不是一个书评家的义务。"在随后《再谈书评种种》一文中，他再次强调，在美国那些"严肃的报刊"上，编者若是看到含有宣传性的文稿，即会拒绝发表，"以免损伤报刊声誉"：

为了这个原因，严肃刊物绝不收受外来投稿的所谓"书评"。以销路最大、广告最有效的《纽约时报书评》周刊为例，单是这份周刊，就有编辑十余名……这里就表明美国刊物发表书评的认真。美国每年出新书约六万余种，而《纽约时报书评》每期只能刊载二三十篇书评，新书能被"时报书评"选中而加以批评，即便是来历指摘的恶评，也都起到广告宣传作用，因为"时报书评"是最受出版商、作家、读者器重的刊物……

话归正传，区区周刊，为何要有这么多的编辑呢？他们的职责是浏览众多新书，先挑出重要著作作为书评目标，然后与总编（辑）讨论邀请哪位作家评论此书，这些编辑多是各领域的专家，熟悉作家或书评家。《纽约时报书评》办刊态度相当严格，一旦发现某书评作者与该作家有亲友或同事关系，立即会在下期发表"编者更正"，指明刊物要尽量避免"裙带关系"，以免失却公允。

其他严肃刊物（如双周刊的《纽约书评》，文学刊《纽约客》，在网发行的时论刊《新领袖》等——引用者注）也一样，根本不会发表朋友间互相吹捧的"书评"……只有如此，一份报纸或刊物才会在言论上有分量。①

在美国，书评投稿不会被接受，书评刊物编者往往先挑选佳作，然后才约请作家写书评。我曾在《纽约时报书评》周刊及其他销路不大的时论文学刊物写过书评。但是编者们态度严正，要我细读一本厚厚新书花时太多，而且稿费不高。只有《纽约时报》，写七百字左右，稿费约一百五十美元，今日恐有增加。②

据董鼎山披露，在 20 世纪初叶，英国诗人兼评论家爱德华·汤姆斯曾经把书评家形容为"一群乌合的可笑而讨人厌的混蛋"，其文章的标题是《书评：一件不需技能的粗活》。汤姆斯把书评归为四类：一、又有道理又好；二、有道理，

---

① 董鼎山.再谈书评种种［M］//纽约客随感录.北京：商务印书馆，2014：185—186
② 董鼎山.译作，原作，书评［M］//纽约客随感录.北京：商务印书馆，2014：183—184

但不好；三、没有道理，但好；四、既无道理又不好。汤姆斯认为英国当时的多数书评都属于第四类。"他所指出的还是七十年前英国文坛的情况。有深厚文学传统的英国尚且如此，今日的美国情况又怎样呢？"董先生说，已经记不起是哪一位作家曾指出，英美书评界有如下三个特点：一、评小说者有很多自己都是小说家；二、书评家常花了很多时间去考虑一部显然没有出路的书，却不去了解为何某些书有人要读；三、也有一些"大度"的书评家对任何书都说好话。①

四、龙应台论小说书评及"理想的书评家"

龙应台，当代知名散文随笔作家、小说评论家。湖南衡山人，1952年出生于台湾高雄大寮乡。她于台湾"成功大学"外文系毕业后留学美国，获得堪萨斯州立大学英文系博士学位，1983年8月返回台北，两年后在台湾尔雅出版社出版《龙应台评小说》，引起文坛广泛关注。柏杨评论道：

三十年前，便有人呼吁：台湾需要严正的文学批评！而且也曾有人看上了我，要我写一点书评。我当时就誓死不从，盖中国人的自卑感奇重，什么都受得了，就是受不了批评。一旦被批评，立刻血海深仇。而且"人"和"事"也分不清楚，明明只批评他的创作，他却连自己也塞了进去。所以，我虽然也知道文学批评重要，却绝对不肯提笔上阵。②

柏杨随后打了一个幽默的比方："老鼠虽然知道给猫脖子上挂铜铃重要，那可能救大家的命，但谁也不敢去挂。于是书评的专集虽然出了很多，可是千篇一律全是马屁工。"如今他欣慰地表示，"好容易熬到三十年后，一本严正的文学批评，终于问世！"③

龙应台自己也曾非常自信地表示："我写书评其实抱着一个很狂妄的野心——希望推动台湾的批评风气，开始一个锋利而不失公平、严肃却不失活泼的书评，而且希望突破文坛的小圈圈，把书评打入社会大众的观念里去。《龙应台评小说》

① 董鼎山.书评与书评家［M］//西窗漫记.北京：生活·读书·新知三联书店，1988：349—350

② 柏杨.为你的同胞多写一点脏腑之言［M］//龙应台.龙应台杂文精品.福州：海峡文艺出版社，1990：240

③ 柏杨.为你的同胞多写一点脏腑之言［M］//龙应台.龙应台杂文精品.福州：海峡文艺出版社，1990：240

有人买，使我发觉或许这个野心并不那么'狂妄'，或许台湾确实有足够的知性读者，了解书评的重要。"她说，无论是在单篇写作的过程中，还是书评结集问世得到社会反响的时候，"我很快乐，知道自己在为台湾文学做一件很重要的事——虽然只是一个微不足道的起步……我一个人的努力，就像一滴水之于大海，太渺小。可是这样一本书传递了几个重要的讯息：它告诉出版商，只要写得好，批评也是有市场的，那么出版商就比较愿意出批评的书。它告诉有能力写评论的作者：批评是可以有读者的，使作者愿意写大家都认为吃力不讨好的评论。它更告诉读者：文学批评并不一定枯燥可厌，"她迫切万分地希望，"多一点人来加入我的工作——写严格精确的小说批评、诗评、戏剧评，甚至于乐评、画评。中国人的客气与虚假不能带到艺术创作里来"。因此，她索性把自己比喻成为那只敢为天下先，"自告奋勇去挂铜铃的老鼠！"

然而，做一只"挂铜铃的老鼠"，却不是一个十分容易的担当。龙应台也曾通过媒体透露："一方面，责任感的督促使我觉得必须一篇一篇写下去；另一方面，我觉得很疲倦。一篇书评要消耗我很多的时间，很大的精力，实在辛苦极了。"她回忆到，有一次一位编辑说："你要多写一点，因为大部分作家都有工作，没时间写书评！"她闻言后不觉哑然：因为这位编辑居然忘记了她也是有"工作"的（时任大学英文系客座副教授），教书、指导学生、做学术研究正是她的"本职"！

有鉴于台湾书评的现状，龙应台还曾陈述两大愿景，其实这也正是文坛和书林建设一个"健全的书评制度"所需要谋虑的要素。她在二十年前以"胡美丽"的化名所写的《龙应台这个人》中说：

（书评）稿费低不说。台湾有各形各色的小说奖、戏剧奖、诗奖，甚至于文艺理论奖，就是没有批评奖！我现在写批评除了一点责任感的驱使之外，几乎没有什么推力要我继续。我很希望有两件事发生：第一是有人设置一个批评奖，用很重的奖金来鼓励批评的兴起。第二是有人给我一笔学术经费，与我定个契约，专门让我写书评。我可以用这个钱来买书，找资料，用助手，等等。

龙应台认为，"要有这种实际的力量"来支持我或者其他有能力、有心献身批评的人，批评这件事情"才真正做得起来"，而"书评，不是人人都能写的。书评人必须有高度的文学素养……一个负责的评书人，不能凭个人的情绪或偏好来衡量一部作品，他有一支客观的衡文玉尺来评判好坏"。她在《我在为你做一件事》中说："台湾，不能没有严格的文学批评，"她呼吁，"什么时候我们才会有专业的、客观的、坦诚的、举足轻重的书评呢？"

龙应台认为，批评要形成一种"风气"，"必须有努力的作者、锐利的评家、具文化理想的编者与出版商"，还有"关心文学、知性丰富的读者"。而仅仅靠一点个人的所谓"责任感"，那"太不可靠了！"事实也正是如此，龙应台在她的小说评论集之后，再也没有沿着这条道路继续向前。而这却是台湾文坛和中国书评界不可弥补的损失。

对于龙应台的小说评论，作为被批评的当事作家——马森先生曾经撰文公开发表自己的读后感："应台评《夜游》的文章发表以后，我觉得她读得十分仔细，评得很有章法，对文学的鉴赏力和洞察力均属上乘。她挑眼别刺之处，常常发作者之未见，使作者获益匪浅。当然我们也有不尽同意之处，但那只是普通两个个人在观点或口味上应有的歧异，不足为怪……"因此，他在《孤绝》出第三版时，还曾狠下心来把龙应台所指的那段"美丽的散文"删掉，虽然他自我认知那一段"写得满精彩的"。

柏杨也曾评价说："她（龙应台）是第一位用文学的观点来检查台湾小说创作的作家，坦率正直，毫无顾忌。场景在我意料之中，一方面招来好评如潮，一方面也招来破口大骂……"；而黄子平则分析道："对事不对人……把人与作品分开"，"以技巧分析带动主题讨论"，诸如小说的叙述角度选对了吗？象征和对比运用得是否成功？人物的刻画是否有个性？情节的安排和细节的选择如何？……然后才分析作者把某种主题"实现"到了何种程度，"决不因为主题被戴上了吓人的高帽子而不加分析地喊万岁"，"用浅显易懂的语言，大众化的、雅俗共赏的批评文字，决不夹杂着很多外文注解和文学理论"，以及走"大众化批评"的道路，这四者是"龙评"获得成功的原因。

邓宾善在《想起了龙应台》一文中推介说，龙应台是"一位严厉而又苛刻的书评家"，像她那样一丝不苟地评论白先勇《孽子》，就做到了"见从己出，一语中的"，而这是需要以"坚实的学识"为基础的。邓宾善认为：

只有当一个书评作者自身丰富的时候，才能使（自己的）作品丰富起来。所谓"读荷马见出荷马也不懂的东西"。遍览《龙应台评小说》一书，无不自成一家之言，令人信服。这与她写作书评的慎重而认真的态度是分不开的。这样，尽管龙应台的批评文字不留情面，但由于切中肯綮，不搞人身攻击，不少她批评过的作家对她很友好……回看我们大陆的书评界，龙应台这样的书评家似不多见，书评也因此迄今未形成应有的气候，为广大读者所重视。龙应台书评的成功，应该引起我们的深思，并从中汲取足够的教益。

那么，这是怎样的一种教益呢？邓宾善说："现在书评文章渐渐多起来了，许多报刊都设有书评栏目，看似十分热闹。惜乎'书评人'吆喝卖书的现象时时可见，书评文章广告味十足，误导读者，败坏了书评的名声。我以为，这与书评文字多为人情之作、'红包'之作不无关系。这使我想起了台湾'不评赠书、不写人情书评'的书评家龙应台。"①

第五节 "馆员书评"征文活动与"在馆书评人"的角色认同

书评的社会文化功能，主要包括通报、激励、控制、导读四个方面②。它是主要刊登读书随笔类文章的阅读推广类报刊的主打文体。作为一种依据图书的内容和形式价值发表评论的文章，其独特处在于它的信息指向性，以及它在图书、读者、作者、编辑的传播链中所发挥的重要作用，有着重要的功能意义③。正是在全民阅读推广的时代背景下，"馆员书评"征文活动在北京《图书馆报·馆员书评》版的启迪下应运而生。

一、"馆员书评"征文活动及其征文作品精选集

2013年11月8日上午，在中国图书馆学会2013年学术年会（上海浦东）"馆员书评与全民阅读推广"分会场上，笔者应邀做了题为《书海慈航：基于阅读推广的"馆员书评"如何选题、撰文》的专题报告。笔者在报告中着重分析了"馆

---

① 邓宾善.想起了龙应台［J］.文学报，2005–3–10（3）

② 刘宏源，汤美玲.论书评的性质和职能［J］.图书馆，2001（4）：46—48

③ 彭俊玲，曾辉.2000年以来书评文化研究综述［J］.图书馆理论与实践，2008（2）：19—21

员书评"的文体特点和知识内涵，认为"馆员书评"是一种站在知识传播的出发点，面向大众进行的公益性、义务性的阅读指导和读物推广文体，其终极关怀是让入藏在图书馆中的佳作、经典能够及时地被读者所关注、所利用，发挥其社会效益。也就是说，出自图书馆馆员之手的书评作品，体现的是"为书找人，为人找书"的图书馆存在价值和服务理念，其文风应当具有开门见山、言简意赅的特点，以便读者依据各自的阅读需求选择图书。

笔者认为，图书馆馆员所写的书评，要忠实于自己的价值观和评价标准，勇于提出并表达对被评书籍的意见。在文体上，首先是"大众书评"；在文风上，则要开门见山、言简意赅，以便读者依据各自的阅读需求，从中获得借鉴、引导和启迪，从而达成选借择阅被评介图书，转化其为读物的公益性目的。而"书业书评"往往在开门见山、言简意赅的同时，还具有夸张内涵、煽情重感，甚至以偏概全、入时媚俗的商品宣传性特征，以期达到诱导顾客"打开自己的钱包"，实现所谓"引导消费、引领市场"的功利性营销目的。

一篇有章有法的书评，往往能发一般文化程度的读者所未发，或高屋建瓴，或钩隐掘微，或慧眼识珠，有助于读者提高被评介图书的阅读鉴赏水准和思想认识水平，而这正是导读好书、阅读推广的知识传播功能的着力点。图书馆馆员读好书、写书评，旨在阅读推广、导人读书，如同修桥铺路、教书育人，乃是积德行善、普度众生、值得大书特书的好事。而为馆藏好书和到馆新书写作书评，应是从事阅读推广工作的专业馆员基本业务能力结构范畴内的东西，是不难愉快胜任的。

20 世纪 90 年代，湘潭市图书馆文鸣先生曾探讨过馆员与书评之间存在的问题。他认为，无论是在图书馆学的专业理论，还是业务实践工作范畴中，"馆员书评"都没有获得应有的重视，而书评的质量和检索体系也不完善[①]。至今近二十年过去，这些问题依然存在。

从整体上来评估图书馆馆员所撰写的书评，因馆员作者读写水平参差不齐，在书评写作上往往存在一些通病，亟须矫正和康复。如有的馆员没有认真学习和理解、掌握书评写作"描写—解释—评价"的学理要领，因而一篇书评写成后，字数虽不算少，却仍没有将所评介书籍的内容梗概、思想观点，尤其是阅读接受

---

① 文鸣 . 导向与交流：中国公共图书馆书评工作的现状与作用 [J] . 图书馆学刊，1996（4）：56—60

价值等核心信息传递给读者；许多作者乐于就书评书，满足于"泛阅读"和"浅理解"状态，落笔成文时往往"介"多于"评"，或"论"多于"评"，文章缺少个性化的解读深度、厚度和广度，不能够将具有实质性的"读后感"和"深思考"富有逻辑地诉诸笔端；有的馆员把书评写成复述原书故事、列举原著框架、断取作者引文、堆砌花哨辞藻的文章，甚至还有摘取网络评论拼凑成文的个例。

其实，由图书馆馆员所撰写的导读性书评，应该成为各种阅读推广类导刊、导报的基本稿源及图书馆网站等的重要资讯。因为"馆员书评"的独特之处在于，它是一种基于知识传播和文化传承的出发点，面向大众进行的公益性的阅读指导和义务性的读物推广文章，体现的正是"为书找人，为人找书"的图书馆存在价值和读者服务内涵，其功能首先是发现好书，促进阅读，引导"读好书，读书好，好读书"的良好社会风气。诚如中国图书馆学会图书评论与阅读推广专业委员会原主任严峰先生所指出的那样，倡导图书馆馆员撰写书评，是要更好地发挥图书馆专业馆员了解图书、阅读视野开阔、比较阅读量大，动之以情、晓之以理，持之以恒的优势，在被称为"主持式"的导读推广服务中，向读者提供尽可能广泛和全面的读本和选择，而把判断、选择阅读的权力交给读者本人；读者在接受推荐、采取阅读的同时，也会被导读者的意识与观点所感染，自觉和情愿地接受导读者的观点和推荐。①

自 2013 年以来，中国图书馆学会图书评论委员会主持"馆员书评"征文活动的标志性成果之一，就是 2013—2014 年"馆员书评"征文的精选集《书读义见：图书馆员书评佳作选》（李海燕主编，华龄出版社 2015 年 6 月版）的问世。严峰先生在该书后记中总结说，作为两个年度获奖书评文章的结集，编者将选入的四十七篇文章分为"儿童与亲子读物""文学读物""传记与人文读物"和"综合读物"四辑，"通过评选这些文章，我们深刻地感受到，图书馆馆员不仅要读书、读好书，而且还要善于把自己的读后收获、心得和见解，与同行分享，更要与读者分享"②。

---

① 严峰. 从馆员书评开始，引领全民阅读的深入［J］. 新世纪图书馆，2014（1）：15—18
② 严峰.《书读义见：图书馆员书评佳作选》后记［M］. 北京：华龄出版社，2015：295—298

二、"在馆书评人"的角色认同和阅推功效预期

基于图书馆馆员可以独立于出版、发行商和图书市场的基本立场，图书馆馆员撰写书评几乎是一份"天职"；而图书馆的大众公益性，又使得图书馆馆员兼职为"在馆书评人"成为可能而且十分必要。当代学者陈漱渝在《出书与荐书》一文中指出：

当今社会竞争激烈，生活节奏加快，人们的时间越来越显得金贵。提倡全民阅读，当然希望读者能在有限的时间里，多读一些有助于提升知识水准和精神境界的好书。遗憾的是，在每年多达四十五万种的出版物中，真正能让读者受益的好书可谓凤毛麟角，充斥图书市场的大多是"垃圾书"。据行家界定，所谓"垃圾书"是无益、无害、无聊的"三无图书"。由这类书制造的出版繁荣只是一种虚假繁荣，而实质上折射的却是精神园地的荒芜。为什么垃圾书横行市场，而一些学术含量高的书反而"长在深闺人未识"呢？究其根本原因，无非是由于利益驱动；而书籍一旦跟财色沾边，就难免散发出霉烂气息。

…………

好书要让读者寓目，荐书的作用不可低估。优秀的书评家是茫茫书海中的导航者，能让读者迅速而准确地驶向知识的彼岸。

…………

提高全民阅读的水准，迫切需要不急功近利的出版家，同时需要明白坚实、保持学术良知的书评家。[①]

但图书馆界的现实情况是，馆员写书评仍只停留在个人爱好的行为层面上，各级各类图书馆对撰写书评"是图书馆馆员的专业职能"这个问题并未达成共识，"其原因之一是馆员对自身'信息导航'角色的认识并不充分；二是缺乏相应的激励机制，以规范和引导馆员撰写书评"[②]。

因此，严格意义上的"馆员书评"，其基本要求应如同华中科技大学社会学系教授黄健所期待的那样，"书评人应对原作内容忠实而简明扼要地总结和陈述

---

① 陈漱渝.出书与荐书——全民阅读中的一点思考［N］.人民政协报，2015-5-4
② 徐辉，张兴民.试论基于阅读推广的"馆员书评"的特点及撰文原则［J］.新世纪图书馆，2015
（3）：86—88

之，其评论应建立在对原作细致阅读和理解的基础上。评论是知识性的，亦即评论在知识性的框架下展开，即便是小说评论，它同样是一种建立在小说基本知识和规范之下，而不应是一种纯感悟式的言说。作为书评的写作者，在细致阅读的基础上，就更应当有自己的独立思考和判断。他首先应该读懂需要评论的著作，在情境中思考，同时应去情境地加以表达。作者本身不应该有太多的情境立场"；"书评人还应该规避一些近亲评论行为，尽量减少或者不应去做人情式评论。为人情而作书评，无论从哪种角度来说，都难以全面和客观。书评人应该尽可能客观而不是想办法去做某种观点和利益的卫道士……"①

图书馆馆员虽然身在知识、文化、科学宝库，坐拥书、报、刊、网文献资源之城，但回顾和检视这一职业在我国一个世纪以来的发展历程，多有三心二意而朝秦暮楚者，多有临渊羡鱼而徒唤奈何者，多有为人作嫁而乏己建树者，往往在心理上缺乏深刻的岗位认同感，遑论职业成就感的获得和行业自信心的建立。为此，建议各级各类图书馆的专业馆员，能够坚持"终身学习"理念不动摇，沿着"学士、硕士专业学识＋在馆岗位专业知识＋兴趣、爱好、专长型读物"的方向进行叠加式阅读拓展。在职业生涯中不断读书，尤其是读名著经典和新书佳作，日积月累，年复岁增，以练就一双在书林学海中知宝、懂宝、识宝的"慧眼"。唯其如此，才能在文献天地之中含英咀华，将自己的好书发现、读书心得乃至阅读感悟，不断与读者分享，老马识途般地针对特定读者群体开展"献宝—荐宝—鉴宝"式的导读活动，最后多少收获一些人生道路上至为宝贵的岗位认同感、职业成就感和行业自信心。因此，发现和评介好书的能力，应该成为当代图书馆专业馆员，尤其是工作在阅读推广、参考咨询及采访馆员等岗位的专业馆员的一种基本职业学养。

总之，图书馆馆员要善于在博览群书和精读好书的有机结合中，养成和提升自己的知识判断力。借助勤奋的读写训练和持之以恒的追求，构筑自己在某一专业领域的知识结构和学识专长，把自己培养成名副其实的"在馆书评人"。对于学科与主题领域的不同层级的图书，应能熟识、掌握并提供不同的书目服务，做好精而准的推介。同时，书评写给什么人看，旨在达到何种功用，也是书评作者

---

① 黄健. 书评的怪圈［N］. 北京日报，2015-5-4

需"意在笔先"的。

三、"周观一书，月作一评"——"在馆书评人"的读写实践

在"促进全民阅读，建设书香社会"的时代背景下，一个图书馆馆员该如何打造自己"在馆书评人"的角色呢？

愿以"在馆书评人"为角色追求的图书馆专业馆员，需要学习阅读文化学和图书评论学等领域的基本理论知识和方法论，且贵在学以致用、知行合一、持之以恒，坚持北京大学中文系教授金开诚（1932—2008）所总结的"读为基础，想为主导，落实到写"的治学经验之谈。换言之，也就是应以大量读书、深长思考和勤奋练笔为基础。

如能自励己志，有所规划，坚持"周观一书，月作一评"，则必有其成。20世纪30年代初，胡适（1891—1962）在一次题为《为什么读书》的主题演讲中就曾现身说法地说道：书籍是"智识的遗产"，可以借此推陈出新，"建立更高深更伟大的智识"，因此，"读书是为了要读书，多读书更可以读书。最大的毛病就在怕读书，怕读难书"，"读书可以帮助解决困难，应付环境，供给思想材料"，"假使能下一年苦功，继续不断做去，那么，在一二年中定可开辟一个乐园，还只怕求知的欲望太大，来不及读呢"①。

然则要把书评写好，得先把书读好。所谓读好，首先是要读懂书中的语文和语境，有自己的心得和体会，然后努力去读透，形成自己的独特感悟，这是写好书评的关键所在。南宋大儒、教育家程颐（1033—1107）的弟子之一王蘋（1082—1153），曾论读书治学方法云："读书须求圣贤所以言，反复玩味，优游涵泳，期以默识心通，洞达无间，然后为学。若只习训诂，解析文意，适足为玩物尔。"当代学者、文学评论家刘再复也曾表示："我虽然酷爱读书，也广泛读书，但最终认定，读书最要紧的不是'读多'，而是'读通'。所谓'读通'，就是要穿透书本。我的读书三部曲是：（1）阅读书本；（2）穿透书本；（3）提升书本。关键是穿透书本，即'读通'，'读通'了才能吸收、质疑和再创造"，"有的书可信，有的书不可信，不可信的读了就扔掉。讲述同一个专题，往往有许多书，我们在

① 胡适. 容忍与自由［M］. 昆明：云南人民出版社，2015：113

读中可做些比较。比较性的阅读很能提升自己"①。

诸如此类学有所成的古今人物的读书经验，是非常值得"在馆书评人"汲取和借鉴的。因此，"在馆书评人"要把有关阅读文化学方面的指导性书籍，如《阅读学新论》（曾祥芹主编，语文出版社 1999 年版）、《全民阅读推广手册》（徐雁主编，海天出版社 2011 年版）、《中国阅读大辞典》（王余光、徐雁主编，南京大学出版社 2016 年版）、《全民阅读知识导航》（徐雁、李海燕主编，南京大学出版社 2016 年版）等加以阅读；至于《书评研究》（萧乾著，商务印书馆 1935 年版）、《书评面面观》（萧乾著，李辉编，人民日报出版社 1989 年版）、《萧乾书评理论与实践》（孟昭晋、王波编，河北教育出版社 1999 年版），《书评概论》（孟昭晋编著，南京大学出版社 1994 年版），以及《书评例话》（吴道弘著，中国书籍出版社 1991 年版）和《书评例话新编》（吴道弘著，首都师范大学出版社 2010 年版）等，都是书评学领域值得参阅的"门径之书"。

但多年来，图书评论却在人情至上的中国现实社会中，被严重地扭曲变形甚至异化了。华中科技大学社会学系教授黄健撰文指出，书评本应是作者、读者和出版商之间构建信息交流的渠道，但在当下，书评人却面临两难境地：

一方面，读者的阅读能力下降，书评人在某种程度上是在替读者选书、读书，扮演着阅读者的"保姆"角色；另一方面，这种替代却并不能真正增长读者的知识和提高他们的思维、判断能力，相反它造成了读者的思维惰性，而这又是危害阅读的。今天存在一类沉迷于阅读书评的读者，这类读者在最大程度上将阅读等同于阅读书评。这是一种危险的倾向，无论是对于读者还是书评作者，都没有太多的益处。读者失去了阅读原作本身的乐趣，同时也避免了阅读的挑战，这导致许多人阅读能力下降。而轻信某一个书评作者，容易导致思维模式固化，并丧失判断力，书评作者侵占了阅读主体本来该有的地位。

他还披露说：

现在，很多大众媒体上经常出现书评人还没有完整读完一本书就已经写好一个书评的情况。这样的书评，既缺乏知识性，也缺乏思想性……在这样的情境下，作者在书评中评价某本书的优劣之处，已经丧失可信度。书评中出现这样的怪圈：

---

① 刘再复.两度人生——刘再复自述［M］.郑州：河南文艺出版社，2016：28

评论者不认真读书、品书，书的作者也在一定程度上并不认真地读评论，但他们经常都"相互喜欢"。这中间，恐怕只有出版社或者潜在的公关机构得到了最大的实际利益。

更严重的问题是，书评界中存在过度阐释的潮流。这股潮流将那些严谨的书评作者也带入到一个找不到规范和方向的境界里。过度阐释的书评大多存在于一些杂志上，因为杂志不同于报纸，它们的版面更加充分一些，因此留给了书评作者更多自说自话的空间。在这个空间中，除了比较严重的贩卖私货的行为外，最大的问题就是过度阐释……过度的阐释，极易违背原著的观点和意义，如此书评最终成为一种与原作关系不大的东西，只是被作者或者编辑冠之以书评的标识罢了。这样的书评随处可见，有的还颇受杂志编辑和部分读者喜爱，大多数作此种书评的作者，一般也喜欢卖弄才华，并常挟典故和术语以自重，让人触不可及、望而生畏。①

其实，黄健在这篇文章中批评的前者，是那些所谓"职业书评人"的行径，而后者主要批评的是与"大众书评"相对的"专业书评"，也即常常在专业期刊上不期而遇的所谓"学术书评"的写作和发表现状。他为此感慨地说："要建立一个良好的书评氛围，真不是一件容易的事情"，而真正意义上的现代书评，"应该是启蒙导向的、基于客观立场的评论以及保持克制的阐释"②。

那这样一种"现代书评"该由谁来写？谁又能真正担当起写作的重任？严峰在《书读义见：图书馆员书评佳作选》后记中，至少为我们指出了一个重要的途径——"馆员书评"。他说，大力培养"读写双勤"型的阅读推广馆员，来参与乃至引领全民阅读推广工作，"提倡和鼓励图书馆馆员撰写读书随笔尤其是书评，是要更好地发挥图书馆专业馆员了解、熟悉图书，拓展阅读视野的优势，在阅读推广服务工作中，向读者提供尽可能可靠、精准、权威的读物选择"，进而"提升图书馆的公共服务品质，提高馆员与读者的互动与沟通水准"③。而出自各级各类图书馆专业馆员之手的"大众书评"，正是在全民阅读推广活动中最合时宜的文体之一。

① 黄健.书评的怪圈［N］.北京日报，2015-5-4
② 黄健.书评的怪圈［N］.北京日报，2015-5-4
③ 严峰.《书读义见：图书馆员书评佳作选》后记［M］.北京：华龄出版社，2015：295—298

那么，一个图书馆专业馆员如何才能脚踏实地，通过自修成为"在馆书评人"呢？笔者献议如下三点，以供参考：

第一，"在馆书评人"选评图书时，可以以有关书目上的榜单图书为依据，以馆藏经典名著和新书佳作为重点，结合自己的生活需要、岗位业务、读书兴趣和学识专长，形成自己比较系统的年度读书作评计划。如各级各类图书馆，尤其是个人所在图书馆的读者借阅排行榜；历届"茅盾文学奖"被提名参评的长篇小说著作；"百道网"的"中国好书榜"和"豆瓣网"关注书目；国家图书馆多年来评审的"文津图书奖"和南京图书馆评审的"陶风图书奖"入围书目；江苏省全民阅读领导小组在每年"世界读书日"发布的"江苏省全民阅读年度推荐书目"，以及若干知名人士的"影响书目"（如刘再复"最喜爱的二十种中外文学经典"书目：《伊利亚特》《俄狄浦斯王》《神曲》《麦克白》《堂吉诃德》《浮士德》《悲惨世界》《复活》《卡拉马佐夫兄弟》《红楼梦》及庄子的书、陶渊明的诗集、《史记》、李后主词选、苏东坡诗集、《聊斋志异》《古文观止》《唐诗三百首》《传习录》《西游记》、鲁迅小说集）[1]等等，皆是值得信赖的书评取材的书目源。

此外，"在馆书评人"还应密切关注时代文化的走向，及时合宜地选评对应读物，以弘扬文化传统，传播知识成果，推动社会发展和时代进步。如有关"中华民族共同体"概念的名著，有关"非物质文化遗产"范畴新书，有关中华家训、家风和家教类的好书，有关"阅读疗法"的适症图书，有关中外"工匠精神"主题的人物传记，以及中外人士的游记佳作等，"在馆书评人"均应保持足够的选题敏感性和选材关注度。

第二，出自"在馆书评人"笔下的书评，应切实坚持"先读者"乃至"领读者"的客观立场，充分坚持"读者视角"。要参照萧乾关于书评是一种"为一般书评读者所写的一般书籍的批评"，是为了让读者能得到比出版发行业的广告来得"客观的评价"，是"推广和提高文化的必要手段"，它应该"主要面向掏钱（或花时间）买书看书的读者，热情地为他参谋，帮他挑选——甚至淘汰……更重要的，还是为他道出所以然来"[2]的重要论断，要铭记李小缘所告诫的"最为危险"

---

① 刘再复.两度人生——刘再复自述［M］.郑州：河南文艺出版社，2016：70

② 萧乾.祝愿《书讯报书评增刊》之余［J］.书评，1987：1

的"出版者所作之广告书评"的深意，因为"馆员书评"是连接馆藏读物与读者阅读接受的重要桥梁。

因此，"在馆书评人"要对书评文章保持永远的敬畏之心。北京大学教授白化文曾谈及，在现实处境中，写一篇书评要顾及"五方"（文章执笔者、著作者、出版社、答应刊登的报刊及读者）、"四面"（除了读者以外的前四个方面），而关键在于"两处"。他说，书评文章"总得有点自己的观点、想法，在遣词造句上有与众不同之处，还要有动人之处。不然没人登，登了也没人看……书评乃是小'道'，可是也不容易走啊"①。

第三，书评文章应高度重视遣词造句、谋篇布局的艺术，追求书评的可读性。书评文章是"在馆书评人"在率先阅读、思考的基础上，把自己感性、知性和理性所得表述成文的过程。这个过程凝结了知识、学识和智慧，充满了理念、观点和思想的交融和互动，因此，要在尊重自己的读书印象和体会心得的基础上，注重观感的凝结、观点的提炼和观念的升华，借以提升读者阅读接受的悦纳度和审美指数。余光中曾经指出："一位令人满意的评论家，最好能具备这样几个美德：首先是言之有物……其次是条理井然……再次是文采斐然……最后是情趣盎然"，"一篇上乘的评论文章，也是心境清明，情怀饱满的产物……在写评论的时候，我总是不甘寂寞，喜欢在说理之外驰骋一点想象，解放一点情怀，多给读者一点东西"②。一个"在馆书评人"要追求上乘和卓异，自然应以此作为自己的理想境界。

总之，"在馆书评人"在写作书评时，应更具清明的知识理性、明确的价值评判立场、高超的知识传播能力和高度的社会文化责任感。而要勇于并善于表述被评介书籍的意见，馆员往往还需广泛涉猎目录学、版本学、阅读文化学和中外书籍装帧史等多种门类的专业知识和学识。而好读书、读好书并善写书评文章，应该是一个"服务型馆员"向"学习型馆员"转型升级的基本台阶，也是未来走向"研究型馆员"的重要成才路径。

因此，笔者大声疾呼各级各类图书馆要有培养"学习型馆员"的意识，尤其

---

① 白化文.《承泽副墨》自序［M］. 南京：东南大学出版社，2002
② 余光中.《从徐霞客到梵高》序［M］. 北京：国际文化出版公司，2014

是要有努力建设"学习型图书馆"的理性自觉，将"馆员书评"纳入考评专业馆员尤其是从事阅读推广工作的馆员的激励指标，开展各具本馆特色的"馆员书评"活动，建立"馆员书评"的数据库，组织专业培训，力争培养出数名乃至一批"在馆书评人"来，使得"馆员书评"工作更具人文活力和业务影响力。期待在图书馆界有识之士的努力下，"在馆书评人"能够成为书评写作队伍中一支不可或缺的"方面军"。毕竟，"图书馆馆员职业的最重要价值，不在于仅仅服务用户，而更在于引导用户，帮助读者养成良好的阅读习惯和氛围"①。

---

① 许琳瑶．"馆员书评"在全民阅读推广中的知识导航作用［J］.图书馆杂志，2012（4）：109—111

第二讲
欧美报刊书业书评的来龙去脉

第一节　欧美图书出版、发行业的兴起

在图书出版的历史长河中，尽管图书制作和发行的形式、内容千差万别，但是一般而言，图书都被视为一种沟通、交流的工具。巴比伦的泥版书、古埃及的纸草书卷、中世纪的羊皮纸手抄本、印刷型书卷、缩微胶卷或者其他载体形式，均承载着图书丰富的内容，图书载体形式的花样繁多始终与内容相匹配。不论是1623年莎士比亚戏剧"第一对开本"，还是那些零散出版的小册子，都作为一种沟通工具而存在。

图书的第二项特征在于通过文字和其他视觉符号（例如图片、乐符）传递信息。作为一项复杂的交流（沟通）媒介，需要掌握来之不易的阅读和写作能力。另一显著特征则在于其真实的出版发行过程。庙宇石柱上刻的信息不能称作一本书；伫立于固定位置吸引路人注意的交通标识标牌，一般不能算作图书；私人的档案文件，不经历出版发行这一环节，一般也不能算作图书。

综上所述，图书是一种书写或者印刷出的，具有一定长度的，意在向公众发行的，记录于轻便、耐用的载体之上的物品。图书的主要作用在于突破时间和空间的限制，在人与人之间传递信息。每一个文明社会，图书都起到保存和传递信

息的作用[①]。

一、图书的起源

最初的图书已经不复存在，因为无法确定人类开始书写之后多久才开始制作图书。不同时代不易保存的书写载体一件件消失，现存最早的书写载体是黏土和石头。已知最早的图书则是美索不达米亚平原的泥版书以及埃及的纸草书卷。这两种形式的图书均可追溯至公元前 3000 年。

（一）泥版书

古老的苏美尔人、巴比伦人、亚述人和赫梯人，在用水冲洗干净的泥版上书写。约公元前 3000 年前，巴比伦人和亚述人用楔形文字在黏土板上书写，故而一本书是由装在容器里的若干刻有楔形文字的泥版组成的。

泥版书大约持续存在了两千年。美索不达米亚平原残存下来的泥版书说明，不论是在阳光下晒干，还是在窑洞内烧制，泥版书几乎是坚不可摧的。后一种方式经常用于制作具有特殊价值的图书，如法律法规、皇家史册、史诗。现存考古发现的泥版书大部分是私人商业文件和政府档案，余下的多为文字的复制本。公元前 6 世纪，阿拉米语和字母兴起，与泥版相比较，纸莎草更适合书写阿拉米字母，因此泥版书逐渐走向衰落。

（二）纸草书卷

与泥版书相比，古埃及的纸草书卷更应该被视为现代图书的直接起源。纸莎草作为一种书写材料，更接近纸张。英文 paper（纸张），便是从 papyrus（纸莎草）而来。最初的纸草书卷基本用于记录宗教或半宗教的文献，抄写书卷是神职人员（例如祭司、寺庙雇佣的政府工作人员、法老）的专职工作。得益于古埃及干燥的气候，脆弱的纸莎草才能在毫无保护的状态下在沙漠中留存下来。

古埃及的丧葬制度也有利于图书的保存。因为执迷于来世，古埃及人在棺木和陵墓的墙壁上书写具有魔力的文字，以此来"引导"死者安全地通向死后世界。因为墓室空间有限，埃及人便将带有文字的纸莎草一起陪葬，这些文字即现今所

[①] George Unwin.History of Publishing［EB/OL］.［2016-09-03］. http：//www.britannica.com/topic/publishing

称的"亡灵书"抄本（The Book of Dead）。除了"亡灵书"，埃及的图书体裁还包括科学类、数学类、小说类和传说类。

二、古典时期的图书

古典时期（Classic Antiquity）范围很宽泛，上溯至公元前 6 世纪末叶，下至公元前 4 世纪中叶。

（一）古希腊的图书

古希腊的图书载体以纸莎草为主，但同时也包括其他形式的书写材料，如上过蜡的木板等。希腊文的 biblioh（书籍）与 bylos（纸莎草）十分相似。有资料显示，公元前 6 世纪之后，纸莎草就不断被用于制造图书，现存最早的古希腊纸莎草卷则可追溯至公元前 4 世纪。

公元前 5 世纪，雅典黄金时代，图书并不是作为学习的辅助工具而存在，大量悲剧、戏剧、诗歌出现。有研究表明，该时期的出版物更倾向于口述，作为演员、演说家、吟诵诗人和演讲者辅助记忆的手段。为了个人的需要，私人或其奴隶开始传抄图书。公元前 3 世纪，亚历山大城大型图书馆建成。公元前 2 世纪，帕加马王国大型图书馆建成，均说明该时期业已出现大规模的图书交易。

（二）古罗马的图书

公元前 3 世纪之前，古罗马未出现图书出版业。公元前 2 世纪末至前 1 世纪，古罗马出现纸莎草抄写业，直到西塞罗时代（公元前 106—前 43），才形成图书出版业。图书的形式依旧是纸莎草卷，且较好的图书均带有卷轴，卷轴两端装饰有球形装饰物。

古罗马是古希腊图书传往欧洲的桥梁。古罗马征服希腊之时，希腊的图书被作为战利品带回了古罗马，并经由有学问的奴隶翻译成拉丁文。此后，古罗马上层社会开始收藏图书，私人藏书盛行起来。与此同时，由于图书抄写大部分由奴隶完成，图书价格较为低廉，一般中等收入的民众也开始有机会接触图书。古罗马的出版商是现代出版社的雏形，他们精选手稿本，付给作者预付款买断版权，承担相应的出版风险，选择版式、开本大小，决定每个版本的价格，建立有利可图的图书交易市场。

三、早期基督教会时期的图书出版、发行

（一）手抄本

书卷形式的图书逐渐为手抄本所替代，是图书载体形式上发生的革命性变化。与书卷形式的图书相比，手抄本优点很明显：书页紧凑，可以翻看任何一页；简化笨重的展开书卷的过程；增加书页更加便利。此外，手抄本可以同时在正、反面书写。

（二）羊皮书

羊皮书是用羊皮纸作为书写材料的一种图书。实际上，羊皮纸只是统称，牛、绵羊和山羊的皮都可作为羊皮书的制作材料。

公元前 2450 年，埃及人使用皮革抄写文件，但是用得较多的还是纸莎草。希伯来人也用皮革制作图书。20 世纪 40 年代，随着《死海古卷》（*Dead Sea Scroll*）的出土，藏在死海洞穴中的皮质或纸莎草的书卷为世人所知。这些宗教性质的图书均由犹太人于公元前 2 世纪中叶到公元 68 年间制作出版。

羊皮书是皮质图书的改良版本，多用于制作法律文献。最初是书卷型，公元 2 世纪至公元 4 世纪逐渐演变为书本型。为了排除异教的影响，基督教图书采用书本形式。4 世纪基督教席卷古罗马帝国之后，羊皮纸抄本最终取代了纸莎草卷。

四、中世纪图书

中世纪通常指的是公元 5 世纪下半叶到西罗马帝国灭亡，直到 17 世纪英国资产阶级革命爆发这一时期。

（一）修道院抄本

修道院时代起于西罗马帝国灭亡，延至 12 世纪。此时欧洲图书的制作、复制大多被限制于修道院和宗教组织内，与图书相关的文化也几乎被其垄断。图书基本靠手工抄写而成，抄写员通常是修道士，他们集中在被称为抄写室（Scriptoria）的地方工作。所抄写、复制的书籍以宗教内容为主，主要用于教育新教徒；此外，他们也会少量复制以拉丁文写作的世俗书籍。由于一本书的抄写会分配给多个抄写员，所以一本书会出现不同的书写风格。这一时期的书籍，还不能视为知识传

播的工具，而只能是象征财富的奢侈品，书籍的传播速度极其缓慢。

（二）出版业世俗化

12 世纪末，随着城市的逐渐兴起和大学的建立，欧洲图书出版业进入一个更为广阔的天地。大学成为独立于教会的机构后，各种书籍抄本的需求量大大增加。图书的流通体系扩大至学者、教师、学生和工匠，手抄本的世俗时期开始了。学生需要课本，大学需要配备拥有各种书籍的图书馆。为此，修道院的抄写室，不仅为自己和其他修道院的图书馆制作图书，还为大学制作书籍。随着大学对书籍需求的增加，包工制（Putting-out）产生，同时出现了商业性抄写室和分段抄写制（Peciae System）[1]。与此同时，商业性质的抄写本生产继续繁荣，开始面向奢华图书的收藏市场。

此时，修道院之外，还产生了附属于大学的抄写者。各种职业性工匠和文具商（Stationers）组成的工场或作坊，迅速制作大学所需的廉价书籍[2]。每一个大学城都会组织一个抄写员行会或文具商行会。13 世纪后半叶，随着封建社会的变化，资产阶级作为一个新的阅读阶层开始崛起。律师、宫廷的世俗顾问、国家官员，以及富商和市民不仅需要专业书籍，更需要通俗、休闲文学，此后，大量"人文主义"著作出现。因此，出现了捐助作品、促进传播的现象。12 世纪末的法国和 14 世纪早期的英国，开始出现雇佣抄写者抄写民族语言（Vernacular Languages）书籍的工场。15 世纪中叶，书籍抄写已成为欧洲的一种正式行业。

五、印刷时代

印刷术发明之前，欧洲的手抄本图书以万计数。西方并未有史籍明确记载欧洲印刷术的起源。公元 1500 年，印刷术传入欧洲后约五十年，图书的数量上升至九百万[3]。这一数字表明，印刷术影响深远。公元 1500 年之前，最初的印刷本

---

① ［英］戴维·芬克尔斯坦，［英］阿里斯泰尔·麦克利里. 书史导论［M］.何朝晖，译.北京：商务印书馆，2012：81

② 项翔. 近代西欧印刷媒介研究——从古腾堡到启蒙运动［D］.武汉：华中师范大学，2010

③ George Unwin.History of Publishing［EB/OL］.［2016-09-03］.http://www.britannica.com/topic/publishing

被称为"摇篮本"（Incunabula）。16世纪，印刷术在激烈的自由竞争中逐步稳定下来。

（一）早期德国的印刷术

印刷术曾被列入德国对人类文明的贡献之一。约公元1400至1450年间，德国美因茨金匠约翰尼斯·根斯弗雷希·古腾堡（Johannes Gensfleisch zur Laden zum Gutenberg，1400—1468）完成了印刷机的发明。这不仅仅是一个单个的发明，古腾堡还攻克了一系列活字印刷术的难题，包括创制可移动的金属字模、冲压字模、字模浇铸铅合金活字、木质印刷机、印刷油墨等[①]。除了闻名于世的美因茨四十二行《圣经》的印刷发行，古腾堡还印刷、出版了一些语法书、占星历和教皇的免罪符。

（二）印刷术在欧洲的传播

德国印刷术后由热心传教士沿着德国商人贸易路线传播至欧洲各国。匈牙利、波兰、西班牙、斯堪的纳维亚兰岛、希腊相继出现印刷机或者印刷书。英格兰的书业最初则以伦敦为中心。16世纪，都铎王朝意欲压制煽动性的异端图书，导致书商和王室之间订立协议。1577年，英王玛丽授予伦敦书业公会（Stationer's Company）出版专营权，该公会控制着伦敦的书籍生产，禁止其他地区的出版活动。

15至16世纪，人文主义思潮席卷欧洲，在文艺复兴的文化氛围和需求中，文学在欧洲文化中的重要性与日俱增。相应地，印刷术推动了书籍的复制与传播。16至17世纪的宗教改革运动（Protestant Reformation）促使欧洲宗教思想转变，德国的传教士和神父将印刷品视为大众口头和视觉文化之间的桥梁。在欧洲其他地区，书籍同样在改革思想的传播中起到重要作用。

随着启蒙运动的发展，原本属于私人领域的印刷品，逐渐与公共领域的角色重叠起来。《论法的精神》（*De l'espfit des lois*）、《爱弥儿》（*Éespfit deéducation*）等图书相继出版，其中部分图书的出版需要克服宗教势力的阻挠，或者出版经费不足等情况。有文化的公民群体逐渐壮大，对知识的渴求愈加明显，这也在客观

---

① 宋原放，等.中外出版史［M］.北京：北京师范大学出版社，1993：213

上促进了书籍的创作、出版和发行。启蒙运动时期，雅克·让·卢梭（Jean-Jacques Rousseau，1712—1778）、伏尔泰（François-Marie Arouet，1694—1778）的著作传遍整个欧洲国家，进而在各个殖民地国家广为出版和传诵。

第二节 欧美报刊书业书评的萌芽和发展

欧美报纸的起源，得益于有关时事消息传播的需要。印刷术发明前，最早有证可寻的官方新闻传播手段出现在古罗马。公元前 59 年，古罗马发布手抄的《每日大事》，公布政府法令、军事新闻、选举等信息，由政府颁发至各地军队，或公布于政府大厅墙壁之上。中世纪，手写的新闻信件在少数人中流传，偶有新闻书或小册子传播战争信息。直到 17 世纪，真正的报纸由商业公告演化而成。这类公告流传于港口城市的商人之间，最早出现于荷兰，后出现在英国和法国，很快，其他国家也出现了报纸的雏形。但这些非正规的出版物，只有在需要发布新闻时才会出版。

杂志的起源，需要追溯至西方印刷术发明之后的小册子、印刷品、歌谣集等。初期的报纸类似于手抄新闻书简、新闻书卷和小册子，主要用于刊登政治和商业信息。正式的报纸定期发行，刊载各种时事消息，例如 1605 年亚伯拉罕·维霍（Abraham Verhoeven，1575—1652）创办的《新闻报》（*Nieuwe Tydinghen*）。1609 年杜克·海因里希·尤里乌斯创办的《邮寄订货报》等。作为报纸和图书中间地带的出版物，杂志最初出现于文艺复兴时期，例如由约翰·李斯特（Johann Rist，1607—1667）创办的德国的《每月评论与启示》（*Erbanliche Monaths-Unterredungen*，1663—1668），英国皇家学会创办的《哲学学报》（*Philosophical Transactions*，1665），哲学家皮埃尔·贝勒（Pieere Bayle，1647—1706）创办的《文坛报道》（*Nouvells de la Republique des letters*，1684）。

一、报纸

印刷术发明的时代正是知识活动活跃的时代，古腾堡新印刷术发明后，以金属活字印刷商为主体的出版业逐渐发展起来。

初期的印刷商所做的工作仅限于将不能满足市场需求的经典著作和宗教书籍的手抄本转化为印刷本。随着市场需求的不断扩大，宗教和政治环境的不断变化，以及民众阅读需求的不断创新，造就了新书出版的市场环境。印刷商开始寻求能够为其创作新书的人，即于18世纪末期才完全出现的职业化作家。

在职业化作家出现之前，16世纪印刷商开始充当作家的赞助人；另一些作家不再单纯依靠赞助人，而转为利用版权从出版商处获得报酬。16世纪末，作家这种职业开始为世人所承认。

与职业化作家进程相一致的是，18世纪以前，印刷术的最初影响一直局限于上层阶级，即使出版的图书数量不断增长，且价格不断下降，文化精英掌控阅读大权的情况也一直未能得到改变。18世纪始，西方国家进入了民众阅读时代，大众阅读开始繁荣起来。

具备阅读能力和购买能力的民众是出版业的潜在消费群体，大众阅读需求是刺激出版业发展的原因之一。19世纪，西方现代出版业形成，此时欧美现实主义小说广受欢迎，风靡一时，成为当时西方文学最主要的文学流派。外国出版史上，主要以普通民众为读者对象的文学形式出现了，文学传播由此进入了更加广阔的读者市场中。

小说出版的繁荣，使得更多作者和出版人加入到文学出版的行列中；生产"畅销书"，成了出版人的普遍愿望。而随着印刷技术的革新，如铅版制版法、廉价纤维纸、机器铸字和排版等的发明，以及新闻采集技术的革新，欧洲的报纸走向普及，并朝着报刊独立和通俗化的方向发展，评论性也在新闻性之外被提到了更为显著的地位上。例如《纽约先驱报》（*The Herald*）不支持任何党派，力图报道事实，做到"评论既恰当、公正，又独立、无畏和心平气和"[①]。

到了19世纪下半叶，随着社会的发展，美国报纸的巨大活力显现出来——向异族群众灌输美国的生活方式。此外，对于普通阶级来说，在政治性、党派性之外，报纸的新闻性、文学性更加吸引他们。如同一个传声筒，报纸也充当着各种教育和娱乐的媒介作用。

---

① ［英］昂温.外国出版史［M］.陈生铮，译.北京：中国书籍出版社，1988：74

19 世纪至 20 世纪初期，连载过查尔斯·狄更斯（Charles Dickens，1812—1870）等著名小说家作品的大报副刊逐渐引起欧美大众的注意。随着报纸新闻性的加强，以及读者没有足够的时间每日阅读连载性文学作品，副刊的创作空间逐步萎缩，转为刊载短篇小说。与此同时，各种评论文字逐渐扩大了版图。

20 世纪，专栏作家开始定期撰写展望、评论或见解发表在报纸上。此类文章一经出现，便会招致各路追随者。美国报业协会提供各种材料，如书评、社论等，通过报业辛迪加在全国所有报刊上同时发表。

二、杂志

杂志如同图书一般，初期仅限于在"上流社会"流通。19 世纪，面向大众群体的廉价杂志才开始出现。到了 19 世纪末期，大众渴望各类信息和轻松愉快的消遣，订阅杂志的需求增加。曾经附属于图书出版业的评论杂志，于 19 世纪飞速发展起来，成为当时有关政治、时事、文学、艺术等问题的论坛。此外，还有很多具有文学特色的杂志连载当时优秀的小说。总体而言，美国的文学杂志普遍反映出地域性，例如费城、波士顿，分别创办有代表各自城市的杂志《费城文学杂志》（1803—1808）、《每月选集》（1803—1811）。欧洲的评论杂志，一般文学性强于政治性。

再以英国为例，19 世纪的英国评论杂志起源于《爱丁堡评论》（*Edinburgh Review*）和《评论季刊》（*Quarterly*）。前者由弗朗西斯·杰弗里（Francis Jeffrey），亨利·布鲁厄姆（Henry Brougham）和西德尼·史密斯（Sydney Smith）创办，采用标新立异的"期刊评论的新纪元"的调子，是英国最富影响力的杂志之一。创办初期，沃尔特·司各特（Walter Scott，1771—1832）为杂志撰写文章；之后威廉·哈兹里特（William Hazlitt，1778—1830）、麦考莱（Thomas Babington Macaulay，1800—1859）等文学评论家也在《爱丁堡评论》发表创作。《评论季刊》为抗衡前者而生，其文学和政治影响唯有《爱丁堡评论》堪与媲美。与《爱丁堡评论》不同的是，该刊虽然强烈抨击约翰·济慈（John Keats，1795—1821）、雪莱（Percy Bysshe Shelley，1792—1822）、丁尼生（Alfred Tennyson，1809—1892）和查尔斯·狄更斯等名家，却赞颂湖畔派诗人和拜伦（George Gordon Byron，1788—1824）。

19 世纪后期，它刊发了威廉·梅克皮斯·萨克雷（William Makepeace Thackeray，1811—1864）、利顿·斯特雷奇（Lytton Strachey，1880—1932）等众多著名作家、评论家的作品。

紧随其后创办的两份对立的评论杂志是《布莱克伍德爱丁堡杂志》（*Blackwood's Edinburgh Magazine*）、《伦敦杂志》（*London Magazine*）。前者由图书出版者威廉·布莱克伍德（William Blackwood，1776—1834）创办于 1817 年，并由约翰·吉布森·洛克哈特（John Gibson Lockhart，1794—1854）和约翰·威尔森（John Wilson）担任编辑。后者投稿人包括查尔斯·兰姆（Charles Lamb，1775—1834）、托马斯·德·昆西（Thomas de Quincey，1785—1859）等。

第三节　由创作转为评论的欧美报纸副刊、附册

副刊、附册指的是出版物后所附的文章，英文中以 supplement 或 feature 来表示。与中国报纸副刊多样化的种类不同（如文艺副刊、文化副刊、综合副刊、生活副刊、新闻副刊、国际副刊、科普副刊、周末副刊以及专门性副刊等），欧美报纸的副刊、附册最初只刊登文学作品，以长篇创作为主。随着报纸新闻性的增强，以及读者阅读时间的缩短，短篇创作逐渐取代长篇创作。后期则逐渐以文学、艺术、文化评论为主，所刊载的内容包括书评、乐评、影评等。

一、欧美报纸副刊、附册刊登文学作品时期

1660 年，德国莱比锡印刷局创办《莱比锡新闻》（*Leipziger Zeitung*），初为周报，1633 年改为日报。该报纸的特色是新闻较少，而评论性文章较多。

1641—1665 年间，英国四开本的新闻小册子中，出现了评论文章的雏形。17 世纪的"新闻小册子"即是报纸的前身。1870—1880 年间，英国报纸越来越重视文艺批评工作。[1]

1836 年，法国埃米尔·吉拉尔丹（Emile de Girardin，1806—1881）创办了

---

① 王建华.英国书评工作的历史沿革［J］.编辑之友，1990：58—59

《新闻报》（*La Press*），标志着欧洲报纸走向普及。埃米尔引进了分期连载和开辟特辑的方式，如 1836 年巴尔扎克（Flonorede Balza）长篇小说《老姑娘》（*An Old Maid*）开始在《新闻报》上以连载的形式与大众见面。1896 年，英国《每日邮报》（*Daily Mail*）刊登了笛福（Daniel Defoe，1660—1731）于 1719 年发表的《鲁滨孙漂流记》（*Robinson Crusoe*），引起轰动。此后，世界各国报纸纷纷效仿这一做法。众多文学作品初期都是在报纸上连载后再集结成书。

19 世纪，报纸等出版物除了承担起为民众传播可靠消息这一职责，还在促进国家现代化、开启明智、提高民众觉悟上起到了不可或缺的作用。报纸逐渐成为文化、文学、学术思想自由表达的重要平台。

到了近代报纸发展后期，为了迎合资本主义社会大众文化发展要求，欧美报纸纷纷经历了廉价报纸与庶民低级趣味的"黄色报纸"阶段。19 世纪 30—50 年代，英国、法国和美国等先后出现了大量刊登广告的廉价报纸，如《太阳报》（*New York Sun*，1833）、《纽约先驱报》（*New York Herald*，1835）、《卫报》（*The Guardian*，1821）等。与此同时，为了迎合底层读者的阅读趣味，报纸中增加了杂谈、趣闻、犯罪、凶杀、色情小说连载等刺激性、消遣性文章和漫画等内容，形成了被后人称为"黄色报纸"的泛滥时期 ①。

二、欧美报纸副刊、附册刊登评论时期

早在欧美报纸刊登文学作品之前，西方国家便开始利用近代新闻媒体刊登评论。1640 年，英国报纸开始刊登评论文字。英国诗人、政论家约翰·弥尔顿（John Milton，1608—1674）利用报刊、宣传小册子发表《论出版自由》（*Areopagitica*）、《为英国人民声辩》（*The Defense of the English People*）等政论文章。笛福经常于《雾都日报》（*Daily Post*，1717—1720）上刊发由其修改的社论，从而奠定了现代报刊社会的基础。

1800 年，美国首份开辟评论专栏的报纸《奥罗拉报》创办。美国独立战争后，民主党和共和党分别通过《美国新闻报》（*American Press*）和《国民新闻报》等报纸，就建国方针等问题开展争论。当时著名政论家霍勒斯·格里利（Horace Greeley，

---

① 徐耀魁.西方新闻理论与评析［M］.北京：新华出版社，1988：9

1811—1872）主持的《纽约论坛报》（*New York Tribune*）最为强调新闻评论。1831年，《美洲铁路报》（后更名为《铁路时代》）对铁路经营权问题展开评论。1883年，美国著名报人约瑟夫·普利策（Joseph Pulitzer，1847—1911）接办《世界报》（*The World*）时，称评论为"报纸的心脏"。此后的发展过程中，报业经营者不愿充当政党争论的工具，新闻评论制度逐步确立起来，并取代了政论本位的评论。

19世纪，随着电报、电话等通信技术的发展，新闻采集技术有了很大改进，报纸的新闻属性逐步增强。报业初期，新闻采集工作由新闻书简的作者、代理人和信使匿名系统进行，后改由专职的采访记者来完成采集新闻的工作。[①]

1850—1900年，欧洲自由资本主义突飞猛进，经济发达的国家在报纸出版业中显示出独立的、通俗的风格。当欧洲中产阶级显示出经济实力，欧洲国家的报纸从编纂方针上便倾向于资产阶级，呈现出鲜明的独立倾向。如德国的《法兰克福报》（*Frankfuter Zeitung*）、意大利的《晚邮报》（*Corriere della Sera*）、法国的《费加罗报》（*Le Figaro*），均刊载有益于资产阶级利益的评论性内容。不仅如此，欧洲报纸独立性的发展，促使大众接受更多关于政治和社会的思想教育，与此同时，通俗报纸赢得了民众的欢迎。

今日欧美国家的报纸，评论仍旧占据大量版面和篇幅，多数报纸有固定的社论版，刊载的内容不仅有社论，还包括专栏、书评、专栏等。美国报纸刊载书评，起源于19世纪末20世纪初期。1896年，《纽约时报》（*New York Times*）率先刊登书评，面向广大普通读者开设以可读性见长的书评阵地。1920年，美国各大报纸普遍开设有书评版面、书评专栏和文学评论。

与杂志、广播和电视等其他书评媒介相比较，报纸的图书评论专栏普及面较广，时差短，新闻性较强，群众基础好，接受程度好，一直以来是连接出版商和民众的阅读桥梁，这是其他书评媒介无法取代的。一般而言，美国书评报纸分为报纸书评栏目和报纸书评附册两种。前者最为常见，如《纽约时报》书评栏、《芝加哥环球报》（*Chicago Globe*）书评栏目等。该类书评既有针对普通大众的通俗图书评论，也有针对学者的学术性书评。一般颇具新闻性和可读性。后者是独立于报纸书评栏的一种书评媒介，如《纽约时报》的星期日图书评论附刊，《洛

---

① ［英］昂温．外国出版史［M］．陈生铮，译．北京：中国书籍出版社，1988：75

杉矶时报》（ *Los Angeles Times* ）的星期日版副刊《洛杉矶时报书评》（ *Los Angeles Times Book Review* ），《华盛顿邮报》（ *Washington Post* ）和《芝加哥论坛报》（ *Chicago Tribune* ）周日书评副刊《图书世界》（ *Book World* ）等，所刊登的除书评之外，还有作家访谈、文坛趣话等。主要面向专家学者、图书馆馆员及普通读者。

　　以《纽约时报》为例，该报纸以两类途径刊发书评。第一种是《纽约时报》每日书评栏——《时报书评》（ *Books of the Times* ），每日刊登两三篇书评作品；第二种是《纽约时报书评》，为星期日书评附刊，以周刊形式单独出版发行，每次刊登书评十篇左右。《纽约时报书评》为美国影响最大、最权威的书评刊物，所刊登的书评大多来自全国学术专家或名家之手，采取"什么专业人评什么专业书"的形式，要求新闻性强，评介公正，尽量避免评论通俗小说或无甚文学价值的图书。但是《纽约时报》也会出于商业的考量，刊登一些畅销书的评介，文化性和商业性时有冲突。作为书店、图书馆采选图书的指南，《纽约时报》的"最佳畅销书"格外引人注目；图书馆的图书陈列柜常以该榜单作为依据来推荐图书。此外，《纽约时报》书评也影响着全球英文书的阅读潮流。

　　与《纽约时报》书评有"姊妹刊"之称的，是英国的《泰晤士报》（ *The Times* ）的增刊《泰晤士报文学增刊》（ *The Times Literary Supplement* ）。《泰晤士报》星期日版，会刊登新闻报道式的简短书评，所选择的书多为大众读物。《泰晤士报文学增刊》作为英国主要的文学评论周刊，保留了欧洲 19 世纪以来所谓"非专家书评"（ *Non-expert Reviewing* ）的传统，不刊登任何畅销书榜单。它所刊登的评论侧重于人文历史、学术性较强且颇具权威性、全面介绍文学和最新出版的图书。此外，增刊还会刊登诗歌和人文社会的相关评论，以及名家来函等。

第四节　由学术书评转为大众书评的欧美书评刊物

　　1815 年，《北美评论》（ *North American Review* ）创刊，揭开了美国书评报刊建设的序幕。该刊创刊之初，主要刊登文学、文艺和历史评论，后更加关注环境、种族、性别歧视等各类社会问题，撰稿人包括列夫·托尔斯泰（ЛевНиколаевичТолстой，1828—1910）、马克·吐温（Mark Twain，1835—1910）、亨利·詹姆斯（Henry James，1843—1916）等。英国书评业则可以追溯至 17 世纪。17 世纪末，刊登书评的学术期刊增进了与知识界的互相了解。1691 年，介绍国外书刊的《学者著作史》创办，1728 年介绍英国书籍的《文坛现状》面世，这两份书评刊物属英国创办较早、时间较长、影响较大的两种。18 世纪初期，英国逐渐形成了书评刊物的传统。

一、以学术书评为主的欧美书评刊物

不论是欧美学术界、出版界，还是图书馆界，都极为重视书评业的可持续发展。欧美书评刊物创办之初，主要集中在学术界。19 世纪 50 年代，美国《哈泼氏》（Harper's）等学术杂志纷纷开辟了书评栏目，促进学术界的交流与探讨。19 世纪 60 年代后期，《民族》（Nation）、《大西洋月刊》（The Atlantic Monthly）等杂志的书评栏目开始关注儿童读物，扩大了书评评论对象。但是，这一阶段的美国书评还局限于学术界，没有走向平民大众，主要形式也仅限于刊登重要新书的介绍。

二、以大众书评为主的欧美书评刊物

19 世纪后，书评一改学术交流的单一目的，演变为图书传播和学术交流相结合的趋势，出现了专门的书评杂志。

以美国为例。1840 年，超验主义学者拉尔夫·沃尔多·爱默生（Ralph Waldo Emerson，1803—1882）与玛格丽特·富勒（Margaret Fuller，1810—1850）共同出版《日晷》（The Dial），希望这本刊物可以成为"哀悼者和辩论者喧闹声中一种快乐的、理性的声音"[①]。这本刊物开启了美国真正意义上的书评。

1872 年，美国图书馆学家利伯特（Frederick Leypoldt，1835—1884）及出版家鲍克（Richard Rogers Bowker，1848—1933）联合创办了《出版商与书商贸易周报》（Publishers' and Stationers' Weekly），次年更名为《出版商周刊》（Publishers' Weekly）。该刊主要内容包括：新书目、书业信息、评论文章、书刊广告及颇具

---

① 柳鸣九.爱默生散文精选［M］.深圳：海天出版社，2014：365

价值的预告书目（PW Forecast）及每周记录（Weekly Record），后者定期报道4~5周之内的新书。这份刊物对于美国书评界的意义在于，它一改往日书评栏以学术探讨和学术交流为主的沉闷气氛，为出版商提供了展示和宣传图书的阵地。而后，《纽约时报》书评栏目为书评界注入了一股清新的大众书评之风，刊物书评栏目和报纸书评栏目共同发展，仅仅针对学者的书评扩展为面向普通读者和书商，初步完善了美国书评报刊体系。

值得注意的是，该阶段的书评专栏多数只起到了宣传图书的作用，效果比较单一。直到1905年《书目》（Booklist）出现，才使得美国书评刊物的性质发生了转折性的改变。该刊由美国图书馆协会（American Library Association，简称 ALA）创办，是一份专门带有书评的综合性图书书单杂志。最初限于经费和篇幅的关系，书评仅为三四句评介。1965年，《书目》杂志与专门评论预定书的《预定书通报》（Subscription Book Bulletin）合并，并改名为 The Booklist and Subscription Books Bulletin，1970年更名为《参考和预定书书评》（Reference and Subscription Book Review），1983年又更名为《参考书通报》（Reference Books Bulletin）。该部分独立于刊物之外，由25~30名专家组成编辑委员会，每期刊登3~4篇长书评和15篇左右的短书评。尤为珍贵的是，该刊自创刊之初，便收录儿童图书评论。1912年伊始设立 "Books for Youth" 专栏，为青少年及青年选录图书。1921年后，该刊刊登的书评评论对象扩展至美国境外。

随着美国书评体系的发展和完善，书评出版物的种类增多，数量增大。书评刊物主要包含综合性杂志、专业刊物和书评刊物三种类型。

综合性杂志首推《时代周刊》（Time）、《新闻周刊》（Newsweek）、《星球六评论》（Saturday Review）等，这些刊物均开辟了书评栏目，由专家撰写长评或短评，质量有保证。

专业刊物上刊载的书评，一般由某专业的专家或者专职人员撰写，针对性和学科性较强，一般面向的是专业人士。如《美国历史评论》（American Historical Review）、《经济学文献杂志》（Journal of Economic Literature）。

书评刊物着重评论图书，刊载图书评论文章数量较多。这其中又可以分为综合性、专业性和业务性书评刊物。综合性书评刊物面向知识分子群体，以

"毫不掩饰的精英主义"著称的《纽约书评》（*New York Review of Books*）为代表。该刊创刊于 1963 年，每期刊登一两篇小说评论以及艺术、科学、经济、社会学方面的文章，内容厚重，特供"高级知识分子"。作者群体包括库切（John Maxwell Coetzee）、奈保尔（Vidiadhar Surajprasad Naipaul）、索尔·贝娄（Saul Bellow，1915—2005）等。专业性书评刊物以某专业或者某类书为评论对象，例如《科学图书与影片》（*Science Books and Films*）、《连续出版物评论》（*Serials Review*）等。

业务性书评刊物，一般指的是由图书馆、出版商创办的，供图书采访用的刊物，例如《出版家周刊》（*Publishers Weekly*）、《图书馆学刊》（*Library Journal*）等。前者发布新书书目、书评和畅销书排行榜等内容；后者作为沟通图书馆界与出版界的桥梁，每期刊出的书评占全书一半，主要依据学科分为参考书（Reference）、人文艺术（Art & Humanities）类、社会科学（Social Science）类、科技（Science & Technology）类、小说（Fiction）等类 [1]。每年 1 月份，刊物还会遴选出年度好书 50~60 种。

在出版业发达的欧洲，许多国家的书评颇具水准。注重评论质量和可读性的英国书评，最具代表性的书评刊物要数《伦敦书评》（*London Review of Books*）。该刊创刊于 1979 年，填补了《泰晤士报文学增刊》停刊后书评业的空白。最初一直作为《纽约书评》的插页赠送发行，以传统英语随笔和评论为主。后从《纽约书评》脱离出来，所刊载的书评延续了《爱丁堡评论》《布莱克伍德杂志》所代表的随笔（Essay）传统，偏重社会人文，以长书评见长，近年来政治性的文章比例有所增长。

20 世纪 70 年代，以人文发达著称的法国出版行业繁荣发展，为书评文化发展提供了沃土。文学周刊《评论家》《文学世界》《文学快讯》等较为重视书评，专门的书评刊物《法语图书评论通报》客观评论各学科图书。法国首屈一指且颇具影响的书评刊物《读书》（*Lire*），创刊于 1975 年，面向普通读者，立足于"新"字，将最新出版的图书通过平易近人、通俗易懂的评介形式推荐给大众，是精英文化和消费文化的折中。《读书》中的栏目较为固定，如《访谈》《调查》

---

① 王锡璋.图书馆员常用的欧美书评、书讯杂志［J］.佛教图书馆馆讯，1993：37

《卷宗》《史料》《作家世界》《法国小说》《外国小说》等。1978 年起，每年 1 月号的《读书》都会推出由编辑遴选的上一年度"20 种最佳图书排行榜"。

第五节　报刊书评的衰微与网络书评的兴起

1881 年，《洛杉矶时报》创刊，平日版主要分为五个部分，其中第四部分刊载书评，另有书评附刊，2007 年停止周末书评附刊的发行。同样情形，《芝加哥论坛报》所附赠的书评附册改为刊物出版，且不再随报附赠。《大西洋月刊》(*The Atlantic*)、《纽约书评》等刊物的书评内容所占比重近年来亦有缩减的倾向。

反观出版业，近年来，欧美国家出版业发展势头良好。以 2015 年美国大众图书格式为例，有声书销售额自 2012 年几乎翻倍，2014 年至 2015 年，增长非常可观；电子书占大众图书市场的 17.3%，平装书是销量最好的图书格式，占整体市场的 40.6%，精装书收入和销量较 2014 年有所增长……[①]

与出版业的繁荣不相协调的报刊书评的衰微，不能不引发人们的思考——大量文学、社会科学类图书，原本是要经由书评推介，让更多的读者了解图书内容和优缺点，从而进一步产生阅读欲望。现今报刊书评缩水，原因何在？读者将如何挑选陌生图书来阅读？

1998 年，电子书阅读器问世。十余年间，数字阅读给出版、纸质书销售和阅读领域带来的改变不可估量。电子书近年来虽然发展速度减缓，但势头良好。与图书载体变化相适应的，是书评载体的变更和扩张——由纸质刊物扩展至电子设备和网络终端。

曾几何时，欧美书评的撰写多出自名家或书评记者之笔，发表于报刊上。随着网络的发展和电子阅读器的发展，书评撰写开始走向平民化，Facebook，Twitter 等社交网站及 Amazon 等购书网站上，由大众撰写的"微书评"亦起到了图书推荐和文化传播的效用。与报刊书评的严肃性、高端性和精英化不同，大众

---

① 美国出版年度调研：纸质书回暖　有声书强势崛起［EB/OL］.［2016-08-08］.http：//book.sohu.com/20160808/n463146761.shtml

"微书评"更加质朴，更亲近民众。随着书评报刊的减少，著名书评家也愿意在网络上发表书评。

2015年，Facebook的创始人扎克伯格（Mark Elliot Zuckerberg）发起了"一年书单"脸书书友会，以哲学、经济等高深题材的图书为主，读者可以通过问答的形式参与活动，获取作者和图书信息。媒体认为该书友会"华丽开场"而持续性较差，但不得不承认，扎克伯格的这一行动透露出一个信号——书评已经不再局限于纸质报刊之上，而是已经走向网络世界；撰写书评，不再是精英阶层的专利，人人都可以发表自己对某本书的看法。

在传统书评报刊衰落的同时，图书评论网站的兴起弥补了其空缺。新书介绍、销售排行、书评等信息，促使出版业通过读者的书评更加了解读者的阅读兴趣、习惯和热点等信息，也创造了一个更加开放的平台，让普通读者互通阅读信息，了解最新的阅读资讯。目前，国外较有特色的书评网站有：Midwest Book Review（中西部书评）、The New York Review of Books（纽约书评）、BookPage（图书之页）、Choice Magzine（选目）等，下面逐一介绍。

1.Midwest Book Review（中西部书评，www. midwestbookreview. com/）

美国"中西部书评"创立于1976年，旨在促使更多人走进图书馆、使用图书馆，推进小型出版社发展。"中西部书评"出版针对社区、学术图书馆、书商以及大众阅读群体的九种书评月刊，如《书籍瞭望》（*The Bookwatch*）、《加利福尼亚书籍瞭望》（*California Bookwatch*）、《图书馆瞭望》（*Library Bookwatch*）、《评论者们的瞭望》（*Reviewer's Bookwatch*）等。

为了方便用户获取最新信息，"中西部书评"建立了网站，发布书评信息，同时公开数据库和在线用户讨论小组（如 alt.books.reviews）。此外，用户可以通过网站查询近五年的刊物信息。除了刊物书评之外，读者访问网站还可获取"给作者/出版商的意见"专栏文章。

2.The New York Review of Books（纽约书评，www. nybooks.com）

作为英语世界首屈一指的文学知识分子刊物，《纽约书评》全球的发行量达到了 13.5 万 ①，其网站书评专栏分为七个分栏目，包括《系列》《即将推出》《特别策划》《作者》《新闻》《大事》以及《纽约书评》。其中《系列》栏目又细分为"纽约书评经典""纽约书评儿童图书""纽约书评幼儿图书""纽约评论图书""纽约漫画""纽约诗歌"等。

读者可直接登录网站，浏览包括图书介绍、正面评论信息等内容；或者购买心仪的图书，并可链接至 Facebook 或者 Twitter 评论图书。

3.BookPage（图书之页，www.bookpage.com/）

"图书之页"设置有《图书评论》一栏，读者可以访问该栏目，浏览由书评人撰写的图书评论，还可以留言，或就书评人文章发表自己的见解。每一册图书后，都附有其他相关图书馆的链接，方便读者"结网"读书。侧边栏直接链接至图书售卖网站，方便读者直接购买。

4.Choice Magazine（选目，www.ala.org/acrl/choice/home）

《选目》杂志系美国图书馆协会于 1964 年创办的专业书评杂志，旨在为高校图书馆馆员图书采访提供书目信息。该刊物最大的特点是首创"比较性书评"，书评作者力求将被评图书与原先出版的同类书做比较，因而实用价值较高。②

"选目"官网针对广告人、出版人和书评人设置了深层次链接，可以帮助这三类人群找到适合自己的书目信息，并年均为学术性图书馆提供 6500 篇专家评论文章。

---

① About the Review［EB/OL］.［2017-3-24］.http：//www.nybooks.com/about/
② 来新夏.图书馆学、情报学、档案学简明辞典［M］.天津：南开大学出版社，1991

第三讲

公共图书馆的诞生与书评的结缘

第一节 公共图书馆的诞生和业务职能的演变

在西方文化史上，"图书"一词源于希腊语和拉丁语，指"尼罗河畔的水草"，因为古埃及人起初是用河畔的这种水草作为记事载体的。在中国，"图书"一词本是上古"河图""洛书"的组合简称，后世已用来泛指一切古今图书（书籍）。[①]

图书馆是"收集、整理和保存文献资料并向读者提供利用的科学、文化、教育、机构……是由于文献增多，需要对它们进行整理、保存和利用而产生的"[②]。因此，长期以来，其"保存文献资料和提供这些文献资料的使用"的基本职能，一直在与时俱进。目前，图书馆的功能已从古代主要以保存文化典籍为主，拓展为进行社会教育、传递科学文化资讯和开发智力资源等。如今，随着文字数字化、信息网络化乃至"云计算"的存贮和利用等高科技新手段的应用，图书馆正酝酿着一次推陈出新、除旧布新、革故鼎新式的变化。这是因为，图书馆是文教和科技之子，无论是它的孕育和诞生，还是发展和变革，总是密切系于所在国家和地区的文化教育制度的母体，并受制于社会观念的开放程度和科学技术的发达水平。

两百八十多年前，"美国公共图书馆之父"本杰明·富兰克林（Benjamin Franklin，1706—1790）在美国创造性地播下了公共图书馆的第一颗种子，并在

---

① 周文骏，等．图书馆学［M］．台湾：台湾学生书局，1984：41—42
② 周文骏，等．图书馆学百科全书［M］．北京：中国大百科全书出版社，1993：457—458

费城创办首座费城公共图书馆。该图书馆的成功创办，被各地相继效仿，被视为现代公共图书馆的开端。

富兰克林基于自己在少年求知时代常常节衣缩食买书，甚至交往书店学徒以求偷借而读的经历，鉴于当日普通农民、市民乃至商人读书求学、受教育普遍困难的现实，在早年缔造的"共读社"成员的支持下，于1731年创建了一个会员制的图书馆，规定每个参加者都需集资购书。具体做法是："每人入会费四十先令，以后每年十先令，期限五十年。"①

结果这一本来属于同人之间的举措和组织，大受社会各界人士的欢迎和资助，这一会员制图书馆初具公共图书馆的雏形，产生了良好的社会效益。据美国詹姆斯·C.鲍夫曼记载："1785年，即在马萨诸塞富兰克林城命名十周年之前，当富兰克林还是驻法公使时，有人（虽然不知道名字）和他交涉，建议他为该城的新会议厅捐献一座钟。富兰克林是一个聪明人，他认识到，在一个为反对专制、争取自由而艰苦斗争的国度里，'意识'比'声音'更可取。他恭敬地拒绝捐献钟，而是主动提出捐献一批图书馆藏书……"②这也就是美国第一所公共图书馆的诞生。

可见，富兰克林认识到了图书滋养生活、知识武装大脑的本质，他希望民众通过阅读来提高"意识"，由此找到对抗专制的方法。他在自传中写道："这本身就是一项伟大的事业，而且还有方兴未艾之势。这些图书馆改进了美洲人的总体交谈，使普通商人和农民变得像从别的国家来的绅士一样聪明睿智，也许对所有殖民地团结奋起维护自己的权利有所贡献。"③

其实，纵观富兰克林的人生，博览群书的结果，使其首先成长为一个不可多得的博学多才者，他在政治、经济、外交、文学、哲学、自然科学和技术发明，乃至航海等众多领域，都取得了卓越的成就。他不仅是美国《独立宣言》的起草人之一，而且赢得了"美国革命之父""近代的改革家""电学中的牛顿"和"第二个普罗米修斯"等名垂史册的荣誉，被后世视为"资本主义精神最完美的代

---

① [美] 富兰克林.富兰克林自传［M］.南京：译林出版社，2015：84

② 詹姆斯·C.鲍夫曼.意识比声音更可取——为纪念本杰明·富兰克林和美国第一个公共图书馆而作［J］.桂学文，娄策群，译.山东图书馆季刊，1988（1）：85—87

③ [美] 富兰克林.富兰克林自传［M］.南京：译林出版社，2015：84

表"。但当他在八十四岁临终的时候，遗言却只说"我是一个图书馆馆员"。因为他感恩书籍、眷恋图书馆事业，始终认为图书馆是一项崇高而又伟大的公益事业。

在中国，"图书馆"这一当年的先进文化概念变身为社会生活中的实体而实施，是在清光绪三十年（1904 年）的湖南长沙。当年，梁焕奎（1868—1930）、谭延闿（1880—1930）等十二位三湘有识之士，以忧患之心，放眼世界，形成共识："以无智识之民，处生存竞争之地，危乎悲哉"；为启迪民智，在知识传播领域奋起追逐西方文明脚步，在长沙古定王台创设了我国有史以来的第一家图书馆（兼教育博物馆），集中收藏中外文献，并对西学书刊独具只眼，从而开创了中国省级图书馆建设之先河。① 1919 年"五四"运动之后，形成了创办公共图书馆和赴美学习先进的图书馆学的热潮。据金陵大学图书馆学系毕业的蒋一前先生（1905—1986）披露，当时一代知识分子觉醒，纷纷寻求救国之道："人们想通过图书馆来突破。当时美国的图书馆学和图书馆事业有'四新'，就是思想新，作用新，设备、方法新，建筑新。"②

那么，公共图书馆传统的业务范畴是什么呢？

20 世纪 20 年代初，先后获得美国纽约州立图书馆学校学士学位和哥伦比亚大学社会教育学硕士学位并归国服务的李小缘先生（1897—1959），在《全国图书馆计划书》中说："保存中国旧有文明成果，沟通世界思想学术；供应全国学者寻绎参考，以便研究各种精细问题；使全国民众，皆得识字读书之机会，以及提倡并推广图书馆学术与图书馆事业，敦促民众教育之普及。"③李小缘先生的学生蒋一前曾经指出："他在图书馆中最主张的是帮助人，咨询和参考，这和现在提倡搞信息、情报服务是一脉相承的，很多学者都来找他，如朱自清、郭沫若等，都是谈学术。"李小缘先生对于我国图书馆事业的贡献是多方面的，"要说最主要的贡献可集中于两点：为中国推出公共图书馆的概念和设想，为高校推出学术图书馆"④。

---

① 张勇 . 湖南图书馆百年纪念文集［M］. 北京：北京图书馆出版社，2004：229

② 蒋一前 . 回忆李小缘先生［M］// 李小缘纪念文集 . 南京：南京大学信息管理系，2008：333—334

③ 李小缘 . 全国图书馆计划书［M］// 马先阵，等 . 李小缘纪念文集，南京：南京大学出版社，1988：17—18

④ 蒋一前 . 回忆李小缘先生［M］// 李小缘纪念文集，南京：南京大学信息管理系，2008：333—334

随着社会和时代的不断进步,图书馆的业务职能也逐渐发生着变化。1975 年,国际图书馆协会联合会在法国里昂召开的有关图书馆职能问题的科学讨论会中,将现代图书馆的社会职能归纳为四种:保存人类文化遗产、开展社会教育、传递科学情报以及开发智力资源。我国图书馆学家吴慰慈先生认为:"图书馆的基本职能就是收集、整理文献并提供使用。具体说来可以分为三个部分:一是对知识、信息的物质载体进行选择、收集;二是对知识、信息的物质载体进行加工、整理、存储、控制、转化;三是对知识、信息的物质载体进行传递和提供使用。"[1] 可见,在图书馆发展的过程中,其业务职能不断侧重于对知识和信息的开发。然而,无论图书馆的职能和形态如何演变,富兰克林所赋予的图书馆开放、平等、自由的理念,一直是图书馆发展的精神之魂。

第二节　书评与图书馆采访、咨询业务

北京大学孟昭晋教授认为,书评"是借助大众传播媒介及时通报近期新出版的具体图书,并对其价值进行简洁的分析评议的一种文章;是以近期新出版的具体图书为对象、报道并评议其价值与社会意义的一种文化评论活动"[2]。该定义将"书评"阐释为"一种文章"或"一种文化评论活动"。尽管两者的概念种属有别,然而其共同行为均在于对图书的评论。

据南京大学徐雁教授研究,"书评是近代欧洲杂志发展的伴生物",而后逐渐在近代中国落地生根、开花结果。"在近现代文坛学界,先后参与书评写作或书评讨论的有鲁迅、胡适、茅盾、郑振铎、巴金、叶圣陶、沈从文、朱自清、毕树棠、朱光潜、吴小如、姜德明等名家。"[3] 在图书馆界,很多早期馆编刊物中均开辟有书评栏目:

国立北平图书馆编辑过《读书月刊》(1931 年 10 月—1933 年 9 月)和《图

---

① 吴慰慈.图书馆学基础［M］.北京:高等教育出版社,2004:92
② 孟昭晋.书评概论［M］.南京:南京大学出版社,1994:6—7
③ 徐雁."两个批评学者"与"五十个书评家"——论全民阅读推广下的"大众书评"与"在馆书评人"［J］.图书馆论坛,2015(12):1—7

书季刊》（1934 年 3 月—1948 年 12 月），前者主要刊载各类书籍尤其是史著评介文章，设有《专著》《书报介绍》《读书札记》《书目》等专栏。浙江省立图书馆编辑过《图书展望》（1935 年 10 月—1949 年 1 月，其间因日寇侵华战争休刊八年）。抗战胜利后，国立中央图书馆由重庆迁回南京，钱锺书受聘为该馆编纂兼英文馆刊《书林季刊》（1946 年 6 月—1948 年 9 月）主编，该刊出版七期，每期均有由其所写的外文书评或学术论文。国立编译馆编辑过《图书评论》（1932 年 9 月—1934 年 8 月）。一些出版社和书局也编辑《读书顾问》（1934 年 4 月—1935 年 1 月）等书评杂志，在读者与书籍之间建起一道道桥梁。[①]

现如今，图书馆界对于书评工作也愈来愈重视，一些图书馆学学术性期刊开辟有书评栏目。例如，在南京大学徐雁教授的支持下，上海图书馆主编的《图书馆杂志》以及山东省图书馆主编的《山东图书馆学刊》，分别开设有《悦读时空》和《东方阅读书院》栏目，不仅刊发有关阅读文化的研究论文，还广泛吸纳馆员的学术性书评。《图书馆报》于 2011 年 3 月设立《馆员书评》专版，已刊载了数百篇相关书评。另有图书馆编的多种导读性报刊，如《今日阅读》《阅微》《尔雅》《读读书》《书林驿》等，均是支撑《馆员书评》栏目的有力平台。

在具体的图书馆工作中，很多图书馆都重视通过书评形式来向读者推荐好书。自 2013 年起，中国图书馆学会阅读推广委员会图书评论与阅读推广专业委员会举办全国"馆员书评"征集活动，到 2016 年，已连续举办四季。该活动前两季共征集到六百余篇文章，涌现出了一批极具思想性和趣味性的佳作。这些作品由金陵图书馆副研究馆员、中国图书馆学会阅读推广委员会图书评论与阅读推广专业委员会副主任李海燕主编，结集而成《书读义见：图书馆员书评佳作选》一书，2015 年由华龄出版社出版。

其实，图书馆馆员除了通过撰写书评进行图书推荐活动以外，还可以将书评工作和图书馆的采访、咨询业务结合起来。

图书采访工作是指按照一定原则，利用科学的方法，收集、采购适合于图书馆收藏的各类型文献资源，以保存文化遗产，传播科学知识。图书馆传统的采访

---

① 徐雁 ."两个批评学者"与"五十个书评家"——论全民阅读推广下的"大众书评"与"在馆书评人"［J］.图书馆论坛，2015（12）：1—7

工作一般是依据各馆制定的文献采购标准或条例，从书商提供的书目数据中进行遴选，经过编目加工后，最终上架供读者使用。然而，在这个过程中，图书采访工作人员鲜少和读者进行沟通交流，从而导致部分文献资源不符合读者的需求，或读者根本不了解到馆图书的信息，使得图书不能得到合理的利用。在图书馆服务逐渐步入自动化、信息化的过程中，一方面网络便捷地提供了采访人员和读者通过线上进行交流的渠道；另一方面，采访人员也采取各种措施提高采访质量和效率。

将书评工作应用到采访工作中，便是一种能够有效提高采访人员专业素养的方式。以南京邮电大学图书馆为例。该馆 2013 年 10 月创办导读性馆刊《书林驿》，刊物设立栏目《驿站导读榜》《好书漂流舫》，前者刊载导读性书评，后者刊载专题书目。自刊物创办起，该馆采访人员便参与其中，积极撰写相关书评类稿件。随着南京邮电大学图书馆阅读推广工作的逐渐开展，该馆采访工作也随之拓展。自 2014 年 10 月起，采访人员每周从到馆新书中遴选若干图书，撰写 100~200 字的"微书评"予以推荐；这部分内容会在该馆网站主页、电子屏、微信公众号上同步进行推荐，读者可根据自己喜好选择合适途径进行阅览。除此之外，每逢《书林驿》出刊之际，采访人员可从一个季度内所撰写的"微书评"中，按照专题进行系统编排之后形成专题书目，再次刊载。如在《书林驿》2015 年第三期中，该馆采访人员钗行（笔名）编写了专题书目《培养毕业生阅读情意的八本书》，有针对性地推荐了《书与你》《再读一遍》《书生行止》《拾遗小笺》等书目。

又如苏州图书馆所编印的《今日阅读》杂志。作为中国图书馆学会阅读推广委员会会刊，它面向全国基层图书馆免费发放，是图书馆馆员的业务指导刊物。《今日阅读》每期固定设立《馆配好书》栏目，邀请图书馆一线采访人员进行编写，每一本书都有馆员撰写的推荐语。这实际也是书评工作在采访工作中的应用。

采访人员开展书评工作，其实也是加深对图书了解的过程。在采访工作中，采访人员往往不能亲自翻阅图书，仅仅通过书目数据进行筛选；而在其遴选书评对象时，则必须亲自到馆图书翻阅和筛选。在这个过程中，馆员才得以近距离了解自己所采访图书的内容和形式。对于某些不太符合馆藏而误选进馆的图书，通过对其出版社、作者等的了解，可以吸取教训，提高下一次的采访质量。其次，在撰写书评的过程中，采访人员通过一次次"深阅读"，一方面加深了对图书信息的了解，另一方面增长了个人的阅读视野，大大提高了个人的专业水平，是对工作能力的提升。

除了采访人员亲自撰写书评之外，图书馆还应该积极开拓渠道，引领读者参与到书评工作中来。其实，目前很多图书馆的 OPAC 系统中都开发有此项功能。以江苏汇文系统 5.5 版为例，在每一本图书的检索结果页面，除了提供详细的馆藏信息和出版信息之外，页面最下端嵌入了网友在"新浪微博"中对该书的实时讨论信息，并且在页面右边链接了"豆瓣读书""Google 图书"以及"当当网"三个网站，读者点击之后便可以直接到达这三个网站中关于该书的页面。此外，登录"我的图书馆"之后，还可以在线对图书进行评论。对于这些信息，采访人员应该及时关注、了解。另一方面，"读者书评"在读者中的普及率不高，图书馆应该进行宣传，吸引读者参与，只有馆员和读者进行多方双向互动，才能从根源上提高采访质量。

同样，书评工作也可融入图书馆咨询工作中。根据武德运先生的阐述，"参考咨询工作，就是根据读者提出的问题，或图书馆主动了解的问题，以文献为依据（运用各种参考工具、检索工具或其他文献资料），通过个别解答的方式，及时地、有针对性地向读者提供具体的文献事实、数据，或文献检索途径，帮助读者解疑释难的一项服务性和学术性的工作"[1]。

可见，参考咨询工作直接与读者接触，面临不同个体，工作存在随机性和不确定性。该工作要求馆员必须全面了解图书馆各部门的业务工作，同时对馆藏文献资源有着充分的认识，因为帮助读者解决一切问题的核心均在于馆藏文献资源。那么，书评工作便是咨询馆员了解馆藏文献的有效途径。不同于采访人员应侧重于人文性图书的全面推荐，咨询人员往往要服务于读者的学术研究工作，因此应从自身专业特长出发，多多关注专业类图书。通过对专业图书的书评写作，积累在该学科方面的专业知识，提高自身的业务素养。尤其对于学科馆员而言，更有必要通过书评，客观地向读者推荐好书。当然，除了咨询工作的专业性之外，参

---

[1] 武德运.图书馆通论［M］.西安：陕西人民出版社，2006：245

考咨询馆员亦可在专业之外，向读者推荐有趣、有内涵的大众阅读书籍。和采访馆员一样，他们也需去关注读者对该领域文献的使用需求，引导读者使用图书馆图书评论系统，共同参与书评工作。

以图书馆馆员为主体的书评工作，不同于出版社、书商等机构以追求图书营销利润为主的功利性书评，而是以读者为中心展开的。因而徐雁教授认为，"基于图书馆员独立于出版商和图书市场的基本立场，由图书馆员来撰写书评几乎是一份'天职'，而图书馆的大众公益性又使得由图书馆员兼职为'在馆书评人'成为可能，而且十分必要"[1]。中国图书馆学会图书评论与阅读推广专业委员会原主任严峰则呼吁，"从馆员书评开始，引领全民阅读的深入"[2]。他认为，我们倡导图书馆员撰写书评，是要更好地发挥图书馆专业馆员了解图书、阅读视野开阔，比较阅读量大，动之以情、晓之以理，持之以恒的优势，在被称为"主持式"的导读推广服务中，向读者提供尽可能广泛和全面的读本和选择，而把判断、选择阅读的权利交给读者本人。读者在接受采取阅读的同时，也会被导读者的意识与观点所感染，自觉和情愿地接受导读者的观点和推荐。因而，书评工作可视作图书馆馆员和读者进行亲切沟通的方式，和图书进行亲密接触的纽带，以及和自己进行友好对话的渠道。通过阅读和写作的交融，找到工作的乐趣和充实感，提升个人的专业素养，争做"学习型馆员"[3]。

第三节　图书馆馆藏文献中的书评文献资源

1665 年 1 月 5 日，《学者杂志》（*Journal Des Savants*）在法国巴黎创刊，这

① 徐雁. "两个批评学者"与"五十个书评家"——论全民阅读推广下的"大众书评"与"在馆书评人"［J］. 图书馆论坛，2015（12）：1—7

② 严峰. 从馆员书评开始，引领全民阅读的深入［J］. 新世纪图书馆，2014（1）：15—18

③ 南京大学信息管理学院徐雁教授在《时代理念·人文内涵·专业主义精神——论"学习型馆员"与"学习型图书馆"》（《新世纪图书馆》2011 年第 5 期）一文中谈到"学习型馆员"的五个时代性特征：(1) 重视阅读，始终坚持"终身学习"理念不动摇；(2) 追求创意，善于在业务实践中不断挖掘新元素；(3) 服务第一，真诚保持与读者和用户的沟通和互动；(4) 勇于进取，自觉站在社会新文化与时代高科技的最前沿；(5) 志存高远，努力从学习型起步，成长为一专多能的研究型人才。

是世界上出版最早的杂志。该杂志首次刊载书评，推介最新图书，由此开创了出版物中图书评论性文章的先例。在我国，"书评"类文章最早见于报刊是 1857 年由美国传教士伟烈亚力（Alexander Wylie，1815—1887）创刊的《六合丛谈》月刊。近代中国，随着"五四"新文化运动的开始，梁启超、陈独秀、胡适等学人创办了一批文化刊物，如《新青年》（1915—1922)、《每周评论》（1918 年 12 月—1919 年 8 月)、《新月》（1928—1933）等。书评作为宣传进步书刊的文体形式之一，成为推动新民主主义运动的有力武器。

新中国成立以后，图书评论工作得到国家的重视。1951 年 3 月，新闻总署和出版总署联名发出《关于全国报纸刊物均应建立书报评论工作的指示》。1954 年 7 月，中共中央宣传部又发出《关于加强报纸杂志上的图书评论工作的指示》。20 世纪 80 年代以来，一批图书评论刊物相继问世，如《读书》《书林》《博览群书》《中国图书评论》《书屋》《书品》等。一些报纸也开办了书评专刊或专栏，如《文汇读书周报》《中华读书报》《新京报·书评周刊》《经济观察报·书评增刊》《晶报·深港书评》等。书评作者不仅有图书编辑，更多的是来自各行各业的学者、书文化爱好者等。

本节主要对当前图书馆馆藏文献中的书评文献资源予以介绍，一方面介绍中外报刊中的书评资源，另一方面介绍已出版的中外书评类图书。需要说明的是，书评类馆藏资源颇丰，编者在此仅根据文献内容、读者评价等方面的综合影响力，选择有代表性的内容予以介绍。

一、中外报刊中的书评资源

（一）美国《纽约时报书评》（*The New York Times Book Review*）

《纽约时报》是美国第一大报，1851 年 9 月 18 日创刊，原名《纽约时报日刊》，1857 年改为现名。该报读者主要是美国上层人物，包括资本家、国会议员、政府官员和高级知识分子。该报以两种途径发表书评：一是《纽约时报》的每日书评栏，叫《时报书评》（*Books of the Times*）专栏，每天刊登二三篇书评；一是《纽约时报书评》，星期日刊登数十篇书评。

《纽约时报书评》是美国最权威、影响最大的书评杂志之一，是美国出版界、读书界最受重视的书评刊物。该刊书评大部分约请美国学术界有关领域的专家撰写，重要的书评大多出自名家之手。该刊书评要求新闻性较强，力求评价公正。近二十年，因编辑的更换及外界的批评，其书评质量大为提高，避免评论通俗小说或没有文学价值的书。但是，出于商业性考虑，刊登的书评有时也五花八门，甚至包括一般言情小说、科幻小说、侦探小说等畅销书的评介，文化与商业的冲突经常发生。该刊另一特点是它的《最佳畅销书目》，该书目分小说与非小说两栏，根据每周向全国各地大书店征集来的销售数量的多少，在每栏列出十五种本周最畅销的书的书名及著者。跻身这一书目的，大多是有名的作家。每年年末，《纽约时报》选评"年度百部图书"榜单，并精选出"年度十大好书"，所入选者均为该报评论过的图书。

目前，美国各地书店与图书馆都把《纽约时报》的两种书评作为进书指南，不少书店甚至以其公布的畅销书排行榜来陈列书柜、作为推荐。也有一些杂志的书评编辑把它们作为选择评论对象的参考。《纽约时报》的书评，不仅在英文书刊的出版中心——纽约举足轻重，而且对全世界英文书的阅读潮流都有不可低估的影响，业已成为美国文化中所不可缺少的学术资产。

2001年，生活·读书·新知三联书店出版了《20世纪的书：百年来的作家、观念及文学》（［美］麦格拉斯编，朱孟勋等译），摘选了1896—1997年《纽约时报书评》上对书籍及作者的最佳评论，带领读者踏上一个世纪的文化旅程，勾勒出当代重要作家及思想家最令人难忘的图像。

（二）美国《图书馆杂志》（ *Library Journal* ）

美国《图书馆杂志》创刊于1876年，每年出二十期，即2—6月和9—11月为半月刊，1、7、8、12月为月刊，由美国鲍克公司出版，创始人为《杜威十进制图书分类法》的设计者麦尔威·杜威（Melvil Dewey，1851—1931）。该杂志是著名、资深的图书馆学专业期刊，辟有专题论述、咨讯、书评、消息、人物、新书新刊介绍等专题，内容包括图书馆业务工作的各个方面。

该刊的书评专栏较为突出，每年有六千多篇书评，综合性图书、工具书、小说等均有涉及。质量较高的畅销书以星号注明，加以推荐。每篇书评两百多字，由美国图书馆协会参考和成人服务部的专家或馆员、教师撰写，文后署名，对选书购书极有帮助。《教育索引》《图书馆文献》《图书馆学和情报学文摘》《杂志索引》《书评索引》《书评文摘》等常用的重要检索期刊为该刊的文章做文摘索引。1967 年又创办年刊《图书馆杂志书评》，即将《图书馆杂志》中有关书评文章单独印出，分类编排，并附作者和题名索引。

（三）美国《纽约书评》(*New York Review of Books*)

美国《纽约书评》创刊于 1963 年 2 月，半月刊（暑期一月出一期），是美国知识界最重要的书评刊物之一。该刊的创立源于 20 世纪 60 年代纽约各报首次大罢工，《纽约时报》迟迟不能复刊，文学界同人因而自行创办了该刊，由文学批评家伊丽莎白·哈德威克（Elizabet Hardwick）领衔。2013 年，《纽约书评》推出五十周年纪念专号。据《新京报》采访报道："五十年间，《纽约书评》一共出版了 1042 期，有 7759 位作者，发表了 10601 篇书评、7079 篇随笔、4077 封来信、659 首诗。创刊号 1963 年 2 月 1 日上市，10 万册被一抢而空，1963 年 11 月开始作为双周刊定期出版。"[1]

在书评主题方面，《纽约书评》也有一定的侧重性。"政治方面偏重于人权，揭露本国和其他国家、地区破坏人权的黑幕。文化方面古典学、古典音乐、作家传记比较多，近期有加缪和阿尔及尔、'别样的卡夫卡'、约翰·济慈、但丁、阅读普鲁斯特等；科学方面侧重于神经科学、脑科学和互联网科技，如奥列佛·萨克斯的《幻觉》《大数据》等。"[2]

（四）《读书》

《读书》创刊于 1979 年 4 月 10 日，月刊，由生活·读书·新知三联书店主办，内容涉及重要的文化现象和社会思潮，包含文史哲和社会科学，以及建筑、美术、影视、舞台等艺术评论和部分自然科学，一向以引领思潮闻名。

《读书》自创刊始，就定位为"以书为中心的思想文化评论刊物"，其宗旨是：展示读书人的思想和智慧，凝聚对当代生活的人文关怀。该宗旨明确地将其与单纯的书评类刊物区分开来，成为一本带有普及意味的思想类杂志，填补了当时国

---

① 吴永熹，贝小戎.《纽约书评》问卷［N］.新京报.2013–11–16（C03）
② 吴永熹，贝小戎.《纽约书评》问卷［N］.新京报.2013–11–16（C03）

内期刊在这方面的空缺。作家王蒙先生曾说："可以不读书，不可以不读《读书》"，体现了读书界对于该杂志的挚爱之情。

《读书》关注书里书外的人和事，探讨大书小书涉及的社会文化问题，推介不同知识领域的独立思考，展示各种声音的复杂性和多样性，设置有《重读经典》《短长书》《著译者言》《听者有心》《媒介批评》《音乐书简》等栏目，是中国改革开放三十多年思想文化变迁的见证者，不仅记录了各种思潮的起伏跌宕、兴衰际遇，也反映出思想文化界忧戚喜乐的感情律动。撰稿人多为中国学术界、思想界、文化界有影响的知识分子，读者群也主要集中在知识界。

（五）《博览群书》

《博览群书》创办于1985年1月，月刊，由胡耀邦同志题写刊名，《光明日报》主管主办。该刊坚持两翼齐飞（以书为媒、关注生活），三性并举（思想性、趣味性、服务性），致力于促进超界别、跨学科的思想交流，倾力打造不同观点碰撞融汇的平台，是一本在中国大陆知识分子中影响颇大的综合性读书类思想文化刊物。

《博览群书》既对人文社科类图书进行评论推介，又对社会人生这部无字大书进行思考，以引导广大青年读书学习、向科学进军、推动振兴中华的读书活动的深入开展为宗旨，以学术性、知识性和趣味性取胜，图文并茂，雅俗共赏。所刊文章有生气、有力度、有时代感，使读者增长知识，开阔眼界，启迪思想，获取教益。

多年来，《博览群书》以"浓厚的文化意识，强烈的时代气息，丰富的百科知识，大量的图书信息"为号召并自励。目前，其栏目分为三种：《飞扬》《品鉴》《赏玩》。其中包含突出思想性的"现象分析""文化思考""批评建设""热点评述"，突出趣味性的"读书札记""钩沉趣考""人物掌故"，以及突出服务性的"心得体会""书评介绍"等专题。

（六）《书品》

《书品》创刊于1986年，是中华书局主办的一本书评性刊物，双月刊，单月20号出版。《书品》主要介绍和评论中华书局版图书，探讨交流古籍整理的经验，介绍治学的心得，普及古籍知识，在古籍学术领域里获得了肯定，在海内外均有不俗的反响。

《书品》主要设置有以下几个栏目:《特别关注》,介绍新近出版的重要著作的座谈会、发布会等;《学界耆宿》,通过图片与文字展现一代学者的大家风范;《评书论学》,从不同的角度品评一部书的优劣得失;《学林往事》,回忆往事,介绍人物的生平、经历、思想及学识;《序跋录》,写在书前或书后的文字,富有文采,含义隽永;《编辑撷谈》,介绍编者图书策划加工的努力和体会;《海外书评》,介绍国外最新的文化思想动态及汉学研究状况;《商榷篇》,表达不同的见解,带有争鸣性质;《读书札记》,读书心得体会,品味书里书外的人生;《书苑撷英》,文字简短,介绍国内外出版的新书的内容、风格及特色等;《古籍小常识》,寓知识性与趣味性于一体。

(七)《中国图书评论》

《中国图书评论》创刊于 1987 年 1 月 15 日,月刊,由中国图书评论学会主办,是国内权威的图书文化评论刊物。它以"大张旗鼓地宣传好书,旗帜鲜明地批评坏书,实事求是地探讨有争议的图书"为宗旨,努力为大众推介国内外出版物中的精品,反映社会变迁,展示中国当代文化的核心精神面貌,力图为建构当代中国优秀文化打开视野、梳理思路。

《中国图书评论》栏目设置主要有《社会关注》《前沿题域》《批评空间》《主题书评》《新史记》《新书快评》《新书长廊》等,广邀文化界大家、名家撰稿,内容精彩,资讯丰富。其中《新史记》为 2011 年第三期新增设的栏目,栏目编辑认为:"在新历史主义看来,任何历史,最终都是文本;那么,'历史'就天然与'图书'紧密关联在一起。历史存活于书中,也就需要书评来拯救记忆、重组认同。"[①]而且,《中国图书评论》倚重中国图书评论学会学术委员会强大的学者资源,精心打造了国内首个阅读性思想学术类图书排行榜,即"中国图书评论月度排行榜",以此进一步推动我国学术研究的进步和精品图书的出版。

(八)《书城》

《书城》创办于 1993 年,是我国老牌人文读书类期刊。从创办至今,经历了四次停刊(或改版)、三次复刊,刊名从《书城杂志》变更为《书城》,目前仍然是

---

① 周志强. 中国图书评评论 2011 年第 3 期编辑札记［EB/OL］.https://www.douban.com/note/ 137 33 6463/,2011-03-01/2017-03-20

国内较有影响力的人文杂志之一，由上海三联书店和上海市出版工作者协会主办。

《书城》最近一次复刊是在 2006 年 6 月，复刊后的《书城》，采用胶版纸双色印刷，纸质和印刷水平都比较高。封面采用外国风情的插图，表明《书城》的"海派风格"和走国际化路线的姿态。如今，实体书店和网上书城依然可见《书城》的身影。经历过"四起三落"，多次改版后的《书城》早已不是当年模样。然而作为一本承载着文化理想的杂志，《书城》用文化的眼光注视世界、观察事件，用简洁的文字解读社会、思考问题，始终都体现着不同时代的人文思想。复刊后的新《书城》是思想、文化、书评月刊，走"大众路线"，将读者群覆盖面拓宽，不设置固定的栏目，笼统地分为《书间道》《书城茶座》两块，希望扩大读者群，采用多重发行的模式。

（九）《书屋》

《书屋》创刊于 1995 年，创刊之初由湖南省出版局主办；2000 年编辑部改组之后，改由湖南教育出版社主办，十六开，月刊，每月 6 日出版。《书屋》是一本立足于图书推荐和评论，传播先进文化，弘扬理性和良知，反映中国知识界、文化界思想律动与人文关怀的知名刊物，记录了中国知识界在世纪之交开拓前行的足迹。从 2005 年起，《书屋》杂志编辑出版"书屋文丛"，进一步集中展示作者的学养和才情，呈现出鲜明的专题性和个人风格。

《书屋》的风格略显硬朗，其影响首先在于本土关怀；其次是立足于人性的实际，在常识的基础上发言；再次便是亲切有味的随笔体。主要栏目有《书屋絮语》《书屋讲坛》《人物春秋》《灯下随笔》《思史佚篇》《流年碎影》《口述历史》《域外传真》《编读往来》等。据湖南大学传播学专业曹世生研究，"在期刊内容方面，创刊之初的《书屋》以图书和文学评论为主，其作者也多为文学、出版界人士，包括邵燕祥、彭燕郊、公刘、何满子、萧乾、钟叔河、朱正、唐浩明、韩少功、残雪、舒芜、陈村、朱健、易中天、张远山、周泽雄等。从 1999 年周实任主编开始，文学和书评题材的文章数量减少，《书屋》重心逐渐转向思想评论和社会问题批评，并根据思想文化界的特点与变化，主动策划专题讨论热点问题"①。

---

① 曹世生.屋不在大　有书则灵：1995—2001 年的《书屋》杂志研究［D］.长沙：湖南师范大学，2014

（十）《悦读 MOOK》

《悦读 MOOK》创办于 2006 年，由二十一世纪出版社出版。MOOK 看起来是书的形式，其出版的连续性又具有丛刊的特点，贴近生活，时效性强。

该刊为读者在书海中披沙拣金，其中有名人学者撰写的阅读心得，有专家分析书坛、文坛动向的文章，有文、史、哲、经等领域出版物的精彩片断介绍，内容丰富多彩，语言生动活泼，读者可从中获得大量图书信息。

《悦读 MOOK》每两至三个月出版一期，一年共出版约六期。其中《特稿》《书界人物》等栏目追忆文坛纪事，《悦读一得》《议论风生》等栏目为时下书评或文史名家谈文史掌故，《域外风》《热点档案》《特别关注》等栏目记述了国内外热点问题，还有《海外书情》《书海遨游》等谈论书里书外的话题及一些鲜为人知的史料。

（十一）《中华读书报》

《中华读书报》于 1994 年 7 月创刊，由新闻出版署、光明日报社和中国出版工作者协会主办。该报以其高雅的文化品位、大量的图书出版信息、生动活泼的界面风格，在各界读者中受到好评，文章频繁被各报刊转载，是一份颇具影响力的文化类报纸。

《中华读书报》以"倡导正确的读书理念，发布前沿的图书信息，交流健康的阅读体验"为基本宗旨，注重人文性、思想性、独创性、品质性和趣味性。每周三出版，前八个版面基本固定，一版《头版》，刊载一周以来图书出版界的焦点事件；二版《资讯》，刊载长短通讯类报道；三版《家园》，为副刊；四版《国际》，聚焦国际上的文化事件；五版《瞭望》，针对某一事件进行深度剖析；六版《业界》，是对图书出版界的热点观察；七版《人物》围绕古今中外学者而展开观察和阐述；八版《看法》是读者对于热点事件的评析。此外，其余版面还轮换刊出书评周刊、文化周刊、国际文化、网络时代、电脑书城、图书推荐等多个专刊。版面和栏目偶有变动。

值得一提的是《中华读书报》所设立的《书评周刊》，其所占的篇幅比重较大。据武汉理工大学文法学院何星的研究："2012 年'书评周刊'关于书评的内容共有 191 版……'书评周刊'抓住了书评的这一特性，讲求书评的时效性，所评图书基本上都是近期出版的，有的还是未经出版，为其做市场预热的。"①

（十二）《文汇读书周报》

《文汇读书周报》于 1985 年 3 月 2 日创刊，是我国首家由主流媒体创办的一份读书类专业报纸，被评为上海十佳报纸之一，曾连续十二年举办"文汇书展"。

《文汇读书周报》坚持"背靠出版界，面向读书人群；讲究人文气息，保持高端品位"的办报理念，及时传递书业动向、学术动态、出版信息，集知识性、趣味性、可读性于一体，给人以愉快的阅读和阅读的愉快。因为拥有令读者敬重的作者群，这份报纸的读者队伍不断扩大，成为国内读者订阅数最高的一份读书类报纸，得到读书界、出版界、学术界的好评，更赢得一些名人大家的高度评价。该报坚持高品位，并以加强知识性、可读性为编辑方针，除及时报道国内外出版界的动态和信息外，还根据不同层次读者的要求，开设了各具特色的专栏和专版，如《新书界》《阅读西方》《三味书屋》《书人茶话》等。

2014 年 10 月，《文汇读书周报》宣布停刊，2014 年度出版发行至 12 月 31 日后并入《文汇报》，《文汇报》首期《文汇读书周报》周刊于 2014 年 10 月 20 日（星期一）推出。停刊之际，该报编辑在《致本报读者的一封信》中尽表感激和无奈之情，最后写道："路漫漫依然修远，但我们相信，纵然世上万事万物有生必有一死，但就人类而言，'读书'却一定长存；而且，绝不是徒有其名的'读书'。"② 并入《文汇报》的《文汇读书周报》，常设版面有《特稿》《访谈》《书人茶话》《三味书屋》《阅读西方》《书刊博览》等，保留了大量原有的版面和栏目。

（十三）《新京报·书评周刊》

《新京报·书评周刊》创刊于 2003 年 11 月，每周五出版。出发点是以一种相对平和的心态办一份相对独立的书评杂志，以提供一个思想交流、众生平等、自由放言、即使交锋也心平气和的开放平台。

强调"独立"和"专业"，是该刊的两大诉求；拒绝吹捧、拒绝不健康的炒作，是其唯一立场。《新京报·书评周刊》不仅强调开阔的全球视野，力争在全球阅读市场中寻找自己的真正位置，而且展示丰富的阅读资讯，致力于成为读者、

---

① 何星.《中华读书报》"书评周刊"2012 年书评综述［J］.今传媒，2013（4）：47—48
② 本报编辑部.致本报读者的一封信［N］.文汇读书周报.2014–10–30（01）

出版商甚至作者首选的资讯渠道；更要求呈现专业的评论态度，以职业的评论来营造美好的阅读氛围。

《新京报·书评周刊》的栏目设置也各有侧重点。《大势》：相关政策评论，当月书业走势，观察家书业预测；《首席》：当月反响最大、最具分量的一本书或一位作者；《专题》：围绕书产生的各类文化现象；《专家》：各相关领域专家的评论或推介；《独立书评人》：最能体现本刊立场的栏目，希望书评人不以商业利益和人情为转移；《读者》：来自本刊读者的评论；《出版者 / 作者》：具体某本书的出版者或作者关于书的种种话题，或出版人的出版理念；《序跋》：优秀序跋文章。

（十四）《经济观察报·书评增刊》

《书评增刊》是由《经济观察报》主办的月度书评刊物，2003 年创刊，2006年停刊，2010 年 3 月重新面市，每月第一周随报纸赠出。它的口号是"一切建设，从阅读开始""读书，读人，读时代"。装帧风格大气，从封面到栏目，都由手绘高手打造，极具品位。

该刊秉承《经济观察报》一贯的立场和追求，以"理性、建设性"的姿态承担起媒体对这个社会和这个时代所应尽的职责。它提倡书籍面前人人平等，共同阅读，独立思考，自由表达，互动分享，坚信思想在创造财富中所发挥的重要作用，试图在这个纷乱繁杂的世界为精英领袖提供一种了解世界的视角、思考世界的方式，倡导一种精英的哲人气质思考、实践的信心与勇气。

《书评增刊》的主要版块有《特别推荐》《朗读者》《晒书阁》《读书会》《学术》《对话》《争鸣》《私人阅读室》等，文学、艺术、历史、政治、经济、社会无所不包。该刊还不定期举办主题沙龙活动。

（十五）《南方都市报·南方阅读周刊》

《南方阅读周刊》是《南方都市报》的阅读副刊，每周日出刊，十六版。版面深刻而丰富，独立且开放，是观察出版趋势、反馈阅读流变的重要依据，曾作为大众综合类报纸第一名荣获"2005 年度中国十大图书系列评选"之"十大图书媒体"奖。

该刊轻畅销、重奇趣，藐时尚、倡经典，不喧不嚣、不偏不倚，坚持独立姿态与批判深度，为读者筛选好书，为好书延揽知音，把知识界文化人的最新成果推向公共阅读。风格厚重大气，视野开阔，清新脱俗，在业界和文化界颇有影响力与公信力。全刊有《封面》《南都推荐》《人物》《期刊观察》《国际文坛》《社科》《历史》《艺术》《生活》《文学虚构》《文学非虚构》《潮流榜》《在读》《视野》《专栏》《书房》等版块。所刊载的书评重视文化、学术和时政等，富有学术性、文化性和艺术性，内容丰富，语言多样，风格独特。《南方阅读周刊》上的书评曾集结成《风雨读书声》一书出版。

（十六）《东方早报·上海书评》

《上海书评》创刊于 2008 年 7 月 6 日《东方早报》创刊五周年之际，每周日发送，十六版，是有深度的都市报专刊。主编陆灏总结其办刊特色，就是要抓住"三家"：名家、专家、独家。

该刊不仅关注当下的热门事件，也追溯历史故事，且涵盖文学、政治、体育、艺术等各领域。作者大多是大学教授、学者或作家，书评人站在专业的角度对涉及自己专业的大众化书籍进行品评。它关注的不仅仅是介绍图书，更重要的是沉淀思想。

《访谈》是每一期的核心栏目，以当下社会、文化、学术问题为中心，请被访者谈自己的观点和看法；《书评》是主体部分，坚持批评，杜绝应酬吹捧之作，所评书籍种类多样；《海上书房》每期介绍上海的一间书房，书房的主人不仅有学者、文人，也有金融从业人员；《读者会所》重视与读者的互动交流，设置富有特色又新鲜有趣的小栏目，以供读者发表意见。此外，还有《笔记》《随笔》《市场》等固定版块。

（十七）《晶报·深港书评》

《晶报·深港书评》设立于 2010 年 9 月，由《晶报·图书评论》变身而来，是"具有南方气质和开放胸襟的书评周刊"，曾荣获深港生活大奖之"年度新锐艺文奖"。

该专刊立足深港，放眼世界，将港台地区出版物作为主要的关注和评论对象，发掘港台地区好书，发表独立批评，为深圳的读者提供了一份值得信赖的购书指南。它为深圳的阅读注入了更多新鲜、自由的元素，并连接深圳与香港，使阅读变成更具广泛意义的双城文化事件。

《深港书评》每周日出版，每期八版，除封面外，分别为：《专栏》《一周》《访谈》（两个版）、《内地》《海外》和《书世界》。《专栏》版主要是两岸专栏名家谈书与阅读；《一周》版资讯丰富，介绍北京、香港和台北的书情以及一周书榜和当周主题阅读；《访谈》版介绍两岸文人名家；《内地》和《海外》是常规书评版，推荐两岸新书、好书；《书世界》版则介绍特色书店等艺文场所。2011 年 3 月，《深港书评》又推出"深度写作"系列访谈栏目，梳理深圳本土的文学及学术理想，发掘本土创作及思想文化资源。

（十八）《图书馆报·馆员书评》

《图书馆报》由《新华书目报》主办，中国图书馆学会协办。其前身《新华书目报·图书馆专刊》创办于 2003 年 9 月，以《新华书目报》子刊的形式发行，至 2009 年 5 月正式更名为《图书馆报》，并于 2010 年 1 月 1 日正式独立出版发行。这是国内目前唯一一份关注公共阅读、关注图书馆发展的报纸媒体，在公共文化领域有着广泛的影响。

2011 年，《图书馆报》每期增设的 C 版专刊，分别以"书评专刊""阅读专刊""月度关注""古籍专刊"为主题，《书评专刊》于每周四登出。2011 年 3 月 11 日，首次推出《馆员书评》专版。据南京大学信息管理学院许琳瑶研究："'馆员书评'版中刊载的作品为 500~1000 字的随笔式书评，多推介小说、随笔类热门文学作品，偶尔涉及经典名著，刊载十期以来，有两篇推介了学术研究类书籍。可喜的是，该版上的大多数书评作品立场客观，态度中肯，体现了图书馆馆员的职业素养和为读者选书的宗旨。"[①]

二、中外出版的书评类图书

除了报刊中的书评文献资源之外，还有大量结集出版的书评类图书，同样也指导着图书馆书评工作的开展。下面主要介绍两类：一类是关于书评学研究的著作，它们是从事书评学研究的专家、学者从理论和实践相结合的角度，对书评写作所进行的具体而微的指导；另一类是书评、书话类文集，它们是一些作家、书

---

① 许琳瑶."馆员书评"在全民阅读推广中的知识导航作用［J］.图书馆杂志，2012（4）：109—111

评人、学者等出版的个人书评、书话文集。这类作品往往带有鲜明的个人写作风格，呈现出书评写作的多样性。以下选择相关代表性著作予以推荐。

（一）书评学研究著作

1.《书评面面观》，萧乾著，李辉编，人民日报出版社1989年4月版

该书分为三辑，第一辑《书评研究》，为萧乾在燕京大学读书时所写的毕业论文《书评研究》；第二辑《作家、书评家、读者谈书评》，收录萧乾先生自大学毕业后在《大公报》编副刊时组织的一系列书评研讨文章；第三辑《萧乾编发书评选萃》，是从1935年至1937年《大公报》中精选出来的，其中有职业书评作者杨刚、宗钰、常风、李影心、刘思荣等人以及著名学者朱光潜，作家沈从文、巴金、茅盾、叶圣陶等人的书评文章。该书是早期书评学方面理论与实践相结合的著作，荟萃了名家所做的经典书评，对我国现代书评学的发展有重要意义。

2.《书评例话》，吴道弘著，中国书籍出版社1991年版①

在20世纪80年代，书评学领域也有一种意见，认为编辑写的书评缺乏权威性，编辑只能是编辑家、出版家，而书评写作应该是专家学者的事情。对此，作者在自序中谈道："编辑不仅是书稿的第一个读者，而且义不容辞又是书稿的第一个评论者。在未来宏大的书评家队伍中，编辑应是重要的一部分。"作者吴道弘先生曾任人民出版社副总编，该书便是其从编辑的角度来阐发书评学的相关内容的。

该书分为三个部分，第一部分是"论述"。作者从编辑出版工作的角度来说明书评的意义和价值，并且阐述书评的理论、原则与写作方法等，是书评学探索的一部分。第二部分是"例话·续话"。"例话"是围绕书评的标题、风格、角度、序跋与书评、作者与书评、书话与书评等十个题目，结合例证进行分析研究。"续话"则是作者一些点滴的议论和见解，内容包括：书评与现代文化、书评的要素、书评编辑、书评之忌、语言之美、阅读书评、十条箴言等，均为作者平时阅读思考所得。第三部分是评介。所收入的十篇书评文字，都是作者在编辑工作的要求和推动下写作的。这些书评大都反映出一个编辑工作者的写作角度，表述了编辑

---

① 李海燕，林英，张盈芳.中国书评学著作题录［J］.图书馆杂志，2007（4）：95—96

的见解，涉及编辑工作技术，甚至透露了编辑的感情，读者还能从中体味到编辑工作的甘苦。

2010年，作者在首都师范大学出版社出版了《书评例话新编》。该书保留了《书评例话》的主体内容"书评例话"和"书评续话"，同时又新增"书评赏析"和"书评写作"。前者精选十篇书评名家的佳作进行赏析，后者收录若干个人的书评代表作。

3.《书评学》，徐柏容著，黑龙江教育出版社1993年版

徐柏容是一位资深编辑家，也是一位书评理论家。《书评学》是我国最早的一本书评学理论著作，共分为十八章：绪论，书评与书评学，书评的社会意义，书评的功能、形式，书评的类型、内容，书评的类型，书评的规定性，书评的标准，书评的外部关系，书评工作的主体，读书与选书，接受·赏析·批评，立意与谋篇，书评的表现方法，书评的开头和结尾，书评的标题，气度与风格，综合书评；附录有三篇书评代表作，具体介绍了书评写作的方方面面。

2005年6月，在该书基础上，结合书评学的发展，作者又出版了《现代书评学》（苏州大学出版社2005年6月版），共分上下两编。上编谈论书评学理论，下编谈论书评写作方面的内容。从《书评学》到《现代书评学》，两书不仅对我国书评学理论进行了系统阐述，更体现了书评学在当代的发展与演变。

4.《书评概论》，孟昭晋著，南京大学出版社1994年8月版

该书是北京大学"新闻书评"课程的教科书，原为中国国家教委高等学校文科教材1985—1990编选计划所规划的项目之一。全书分为"书评与书评研究""书评工作者""书评的标准""书评工作中的阅读""书评的方法""书评写作""书评受众与书评传媒"等七章，每一章节下都有内容提要。该书构建了我国书评学的理论基础，推动了书评学的建设和发展。

5.《书评学概论》，徐召勋主编，武汉大学出版社1994年10月版

该书为1985年徐召勋教授根据其为安徽大学图书馆学和出版发行专业开设"书评学概论"课程的讲稿整理而成的著作，这部专著全面、系统、科学地论述了书评学的基本理论，构筑了书评学理论大厦的基本框架，绘制了书评学这个新

兴学科的总体蓝图，标志着书评学作为一门独立的学科登上了大学课堂，推动着我国书评学走向成熟。

6.《书评三十家》，伍杰、王建辉编，华夏出版社 1999 年 5 月版

这是一部反映我国中青年书评家的面貌和水平的书评集，主要收录 1979—1997 年这段书评的黄金时期韩石山、郭齐勇、王大路、高楠、葛兆光、李庆西、李宗桂、罗厚立（罗志田）、陆昕、王武子、陈思和、叶舒宪、李乔、陈平原、周溯源、王国伟、李辉、冬风、南帆、方鸣、王一方、王余光、李春林、李频、郑俊琰（阿正）、徐鲁、杨玉圣、徐雁（秋禾）、段维、员荣亮等三十位作者的九十七篇代表作品。全书在编排体例上分为小传、书评文章、简评三部分，便于读者全面了解作者的基本信息、写作风格等。这是一部荟萃优秀书评家作品的著作，书评者、原书作者以及出版界的编辑等，都可以从中获益。

7.《中国书评史初探》，赵晓梅著，中国工人出版社 2001 年 6 月版①

本书作者通过对不同时期出版文化、书评传媒、书评作者的概括及各个时期书评发展的观察与特点分析，具体论述了自 19 世纪 50 年代到 20 世纪 90 年代近一个半世纪中国书评的发展历程。

作者将中国近现代书评发展史分为以下几个阶段：中国近代书评的产生（19世纪 50 年代—20 世纪 20 年代）、中国现代书评事业的繁荣（20 世纪 30—40 年代）、中国当代书评事业的建设（20 世纪 50 年代）、中国当代书评事业的滑坡（20世纪 60—70 年代）、中国书评事业的腾飞（20 世纪 80—90 年代）。在每个时期，以当时的出版文化特点为切入口，采用传统的文献研究与具体分析相结合的研究方法，对中国书评史的发展做了研讨和探究。附录中有 20 世纪 40 年代书评大事简记、部分报刊书评篇目及作品选读，资料性较强。

8.《书评理念与实践》（上、下），伍杰著，河南大学出版社 2006 年 12 月版

该书是作者多年来进行书评写作研究和实践的成果，分上下两部分，共四篇，包括"书评理想""书评之路""书香盈野"和"精神家园"等。在内容上，该书

---

① 李海燕，林英，张盈芳.中国书评学著作题录［J］.图书馆杂志，2007（4）：95—96

既有关于书评写作的理论研究，又有作者对所读书籍进行的实际评论。作者伍杰曾任《中国图书评论》杂志主编、中国图书评论学会会长，在书评写作上有着丰富的理论与实践经验。该书可供新闻出版界、图书馆界相关理论研究之用。

（二）书评书话类文集

1.《晦庵书话》，唐弢著，生活·读书·新知三联书店 1980 年 9 月版

唐弢（1913—1992），浙江镇海人，现代散文学家、文史研究家。20 世纪 30 年代起从事创作，以散文、杂文为主；40 年代创办《周报》，主编过《文汇报》副刊《笔会》，出版杂文集、散文集、评论集二十余种。20 世纪 40 年代以来，他以"晦庵"为笔名撰写"书话"，用序跋式散文形式钩稽现代文学、文化、出版工作的大量史料。

《晦庵书话》继承了中国传统藏书家撰写题跋的形式。他提倡书话的散文因素包括"一点事实、一点掌故、一点观点、一点抒情的气息"。当代书评家徐雁先生评论该书："文章自二三百字到千字不等，或论书的装帧品级、版本异同，或述文坛的旧闻故实，野史趣闻，间或摘引原书中的斐章警句，总之是虽无传奇，却颇涉趣，每一节文字都很乐观，有'移目挽景'之致。"[①]另外，该书还有生活·读书·新知三联书店 1998 年 5 月版和 2007 年 7 月版。

2.《榆下说书》，黄裳著，生活·读书·新知三联书店 1982 年 2 月版

黄裳（1919—2012），原名容鼎昌，山东益都人，现代著名作家、学者。该书收录了黄裳的经典作品，举凡山川风物、历史人事、清雅书话、珍本题跋等，无不历历如绘、情理交织、文采斐然，反映了作者作为当代华语文坛一流散文大家的丰厚学养、卓著才识和灿然妙笔。

《榆下说书》作者自解题旨是：盛夏，居室外参天的老榆树如绿色的巨大阳伞，书斋里一老者说了些与书有关的旧事，"只不过是一些漫谈"。该书收录了作者所做的杂文五十多篇，并配以与文章内容相关的若干插图，内容颇为丰富。其中既有谈书的，也有论史的，更有记人的。另外，该书还有生活·读书·新知三联书店 1998 年 5 月版和安徽教育出版社 2006 年 6 月版。

---

① 徐雁."书话主人"［J］.中国图书评论，1987（1）：117

3.《西谛书话》，郑振铎著，生活·读书·新知三联书店 1983 年 10 月版

郑振铎（1898—1958），浙江永嘉人，著名作家、学者、文学家、翻译家。该书共收录郑振铎文章二百九十一篇。郑氏注重版本的收集，但又与一般藏书家不同，他尤其注重版本中的图版，注重搜集戏曲和小说。

如在《明清两代的评话集》中，他对小说、话本的渊源、结构、写作方法、历史发展、内容类别的介绍和界定都很富有眼力，很有卓见。郑氏为保护中华民族的优秀遗产、防止国家文物典籍外流做出过极大的贡献。该书附录有赵万里的《西谛书目序》，对我们全面了解其藏书面貌和文献学术上的贡献堪称有益。此书另有生活·读书·新知三联书店 1998 年 5 月版和 2005 年 1 月版。

4.《知堂书话》，周作人著，钟叔河编，岳麓书社 1986 年 4 月版

周作人（1885—1967），浙江绍兴人，号知堂，作家、文学家。《知堂书话》是把周作人文集中与书有关的文章收集起来编成的，共三百三十篇。这是一部值得读和经得起读的书，处处显示出作者丰厚的文化素养。

作者在书中叙述了那些我们想要知道或感兴趣的事物，传达着他对人生、社会、历史、文化的见解。字里行间，句法篇局，自具手眼，自成法门，读后能使读者更加纯净地去读书、品书，更好地去领略书中的广袤世界。该书另有中国人民大学出版社 2004 年 9 月版。

5.《书林新话》，曹聚仁著，生活·读书·新知三联书店 1987 年 12 月版

曹聚仁（1900—1972），字挺岫，浙江浦江人，中国现代作家、学者、记者。该书首篇《我的读书经验》，回忆了作者自己的读书经历，并总结了其 20 世纪 30 年代中期形成的读书观，即时时怀疑古人和古书；有胆量背叛自己的父师；组织自我的思想系统。因此，他对年轻人读书的忠告是——"爱惜精神，莫读古书！"次篇《颜李学派之读书论》，实系研究颜、李学派读书方法的学术散论，旨在倡导和弘扬读书、治学和立身的"独来独往的精神"。其余各篇，也都有趣有益。而书中《蠹鱼甲、乙录》则是作者借其独立不拔的读书观进行读书实践的记录，行文中处处可见其独到的见解，且娓娓道来，特别易于深入人心。该书另有生活·读书·新知三联书店 2010 年 1 月版。

6.《书里书外》，陈平原著，浙江文艺出版社1988年6月版

陈平原，1954年生，广东潮州人，北京大学中文系教授。买书的种种乐趣，使人别有感受；买书是为了读书，读书时就忍不住会去品评。"品书"与"评书"很难分辨，但"品书"可更多地带上个人的情趣爱好、审美直觉、感受体验，可有较多的片面性；而"评书"则应更具科学性、理论性、普遍性，是更高层次的研究和探讨，要求正确公正。

这似乎体现着陈平原自持的"读书步骤"。他按"买书""读书""品书"和"评书"四段来进行书写，并揭示出这是一个连续的过程。作者以轻松活泼的文笔展开了对该书的构思，读来别具趣味。

7.《余时书话》，姜德明著，四川文艺出版社1992年9月版

姜德明，1929年生，天津人，著名藏书家、书话家。该书集作者所写的中国新文学书话而成，是继《书边草》《书叶集》《书梦录》《书味集》等之后的又一部书话集。

"余时"乃作者的笔名，取业余时间写作之意。这部集子谈论了"五四"以来的书刊、文坛掌故，每篇文章均从所要谈及的某书某刊的特征、来龙去脉说起。作者好像与每一本书之间都有那么一段小故事，每一本书都能激发他的诸多情愫。这部书是姜德明书话作品的代表作，读者可从中感受这位书话家的书话写作风格。

8.《雍庐书话》，梁永著，南京大学出版社1993年12月版

梁永（1918—1991），河南开封人，西安冶金建筑学院教授、建筑工程专家。他长期注意和研究中国新文学作家作品，搜求资料和走访笔录甚勤。因素喜苏东坡的道德文章，晚年请程千帆题写"咏苏斋"为书斋之名。

该书收录书话一百三十篇，他生前仅五分之一曾刊发过。其子女钟光璞、光珞将遗稿编集成书，约三十万字，以20世纪30年代中国新文学书刊为主要话题，兼及作者长期访书求贤的忆叙。该书继承和发展了唐弢所开辟的现代文学版本和"新书话"的学术天地，具有重要的艺文价值。

9.《秋禾书话》，徐雁著，书目文献出版社1994年10月版

徐雁，1963年生，江苏太仓人，南京大学信息管理学院教授，从事书话、书评写作已二十余年，先后结集成的书评集有《秋禾书话》《雁斋书灯录》《书房文影》《开卷余怀》《秋禾话书》《江淮雁斋读书志》《纸老，书未黄》《旧书陈香》《书来话多》《书来话长》等。

《秋禾书话》是徐雁的首部书话集，他在序中自言受书话家唐弢《晦庵书话》的指引而走上书评书话的道路。读者展卷，即可感受书中所传达出来的浓浓书卷气。全书分为两部分，前一部分"书山零岩"所收录文章，多谈因某部书而起的书人书事；后一部分"书城札记"纵论中国历史藏书的沿革、藏书家们的心态等。

10.《书边杂写》，谷林著，辽宁教育出版社 1995 年 3 月版

谷林（1919—2009），原名劳祖德，浙江宁波人。他一生曲折，过着标准的职员生活，大半生都为了生计和家庭而奔波，然而他心里却一直保持着对书的热爱。晚年时，他才得以悠游于书林中，所以也才有了这些忆旧的书话类作品。

《书边杂写》是其书话代表集，著名书话家止庵先生在读此书时曾说道："最近重读谷林的《情趣·知识·襟怀》和《书边杂写》，发现几乎篇篇都有感慨，而我又每每被他的感慨所打动。然而掩卷一想，感慨不也就是抒情么？我这人一向是反对抒情的，怎么赶到谷林就变卦了呢？"读者尽可深入其中，感受止庵先生所谈到那一份"感慨"。

11.《孙犁书话》，孙犁著，金梅选编，北京出版社 1996 年 10 月版

孙犁（1913—2002），原名孙树勋，当代著名文学家，"荷花淀派"的创始人。孙犁对书有一种强烈的、长期积累的、职业性的爱好。他一生都与书为伴，文史哲经、农林畜牧、金石考古、书法美术、译文杂说，无不涉猎。

其书话之作，有飘逸幽远的书卷气，而无单调乏味的学究味，更无卖弄学识之嫌。《孙犁书话》凡七辑:《幻华室藏书记》《耕堂读书记》《耕堂读书随笔》《耕堂序跋》《书衣文录》《芸斋琐谈》和《耕堂书信》。读《孙犁书话》，读者可以从中领略历史文化的灿烂辉煌，感受这位作家淳朴真诚、清净淡雅的写作风格。

12.《听风楼书话》，冯亦代著，浙江文艺出版社 1997 年 4 月版

冯亦代（1913—2005），浙江杭州人，散文家、翻译家。该书收录了冯亦代

1984 年至 1985 年间为《读书》杂志《海外书讯》专栏所写的文章。他在书中把图书介绍和美国文学欣赏熔为一炉，读者读后不仅能了解美国文学作品，而且能了解各书作者生平及其在美国文学史中的地位等。这些颇受读者青睐的文章，实为趣味性与学术性之结晶，是读者了解当代美国文学的入门读物。

13.《黄叶村读书记》，徐鲁著，陕西师范大学出版社 1998 年 9 月版

徐鲁，1962 年生，山东胶东人。该书是作者继《剑桥的书香》《恋曲与挽歌》《同有一个月亮》之后第四本书话和读书随笔集，书中写到了不少书人书事。他在自序中写道："我的文字是感性的，注重文学感觉，而不具学理价值；对书籍的选择也颇随意，听任个人偏爱。"

14.《栎下居书话》，王稼句著，陕西师范大学出版社 1998 年 9 月版

王稼句，1958 年生，江苏苏州人。他生于苏州、长于苏州，对苏州这座哺育他的城市充满着无尽的感情。他关于苏州山水风物的文字，清新自然，有着苏州的柔情婉转。同时，他也是一位著名的书话家，该书是其书话代表作，也是"华夏书香丛书"之一。全书分为《雨天杂读》《书城斜阳》《谈书小笺》和《银鱼留痕》四辑。

15.《止水轩书影》，薛冰著，陕西师范大学出版社 1998 年 9 月版

薛冰，1948 年生，江苏南京人。他创作有小说、随笔和书话。书话集除了《止水轩书影》之外，还有《金陵书话》《淘书随录》《旧书笔谭》和《书上的行旅》等。

薛冰先生既是藏书家，也是书话家，所以他的书话基本写的都是自己的藏书。该书分为《旧书新品》《夜读偶记》《书外说书》三辑。品读书中的每一篇书话，都如同在听薛冰先生讲述一本书的故事一样。

第四节　全民阅读语境中的图书馆阅读推广报刊

全民阅读是一个全球性话题。在国外，各国都采取各种各样的措施以保障和

推动社会阅读，具有代表性的有美国的《卓越阅读法》《不让一个孩子落后法案》、日本的《关于推进儿童读书活动的法律》、韩国的《读书振兴法》《读书文化振兴法》、俄罗斯的《民族阅读大纲》等。同样，在国内，党中央和地方政府也采取了各种政策措施来推动"全民阅读"。2012年，中共十八大首次将"全民阅读"列入党的文件中。2014—2017年，"全民阅读"连续被写进《政府工作报告》中。随着党和政府对"全民阅读"工作的重视，图书馆界也积极开展各种阅读推广工作，以响应党和政府的号召。

其实早在2008年10月，在山东淄博第六届中国民间读书年会上，作为中国图书馆学会阅读推广委员会会刊的《今日阅读》杂志首发时，南京大学徐雁教授便预测，"编辑此类小杂志，或将成为公共图书馆推动'全民阅读'活动、改善国民阅读率不断持续下降的一个新举措"①。"阅读"已不再只是一个形式和口号。在此书香浪潮中，全国各类型的图书馆也正为建设"全民阅读"而努力着。尤其值得一提的是，一批在全民阅读背景下应运而生的阅读推广导刊如雨后春笋般悄然破土，引领着"书香社会"的常态化建设。

2014年4月，中国图书馆学会在苏州图书馆举办"2014年中国图书馆界阅读推广类内刊内报专题座谈会"，来自全国图书馆界的80余位专家学者参加，《今日阅读》《水仙阁》《尔雅》《读读书》《阅微》《易读》《文澜》《书乐园》《书林驿》《温州读书报》获得了"2014中国图书馆阅读推广类十佳内刊内报"，《箧园》《喜阅》《读书台》《陕图读览》《读者空间》《阅读疗法工作通讯》《宁阳读书人》《静观》《中原书廊》《诗意灵川》《起明书友》《云湖导读》《悦读时光》获得了"2014中国图书馆阅读推广类内刊内报提名奖"。因本书第八讲第二节会介绍部分公共图书馆所承办的一批以传播地方文化为主的刊物，因此以下仅介绍部分高校图书馆创办的若干全民阅读报刊。

（一）东南大学图书馆《书乐园》

2009年创刊，季刊，由东南大学图书馆创编。该刊物是集电子版（有声）、纸质版、网络版三位一体的阅读推广平台，充分利用图书馆资源、区位和科研优势，结合丰富多彩的阅读活动，使读者感受"阅读分享智慧，阅读分享快乐"。每期

---

① 朱梦莉.苏州图书馆编印之《今日阅读》印象［J］.图书馆杂志，2008（12）：94—95

选题由阅读推广专家与学生社团代表组成的编委会确定，并制定推荐书目，提供电子书下载。刊物以培养阅读习惯为职责，构建了以读者投稿为主体、结合名家约稿及院系合作征稿的"一体两翼"结构。

（二）南京邮电大学图书馆《书林驿》

2013 年 10 月试刊，2014 年 1 月正式创刊，季刊，由南京邮电大学图书馆创编。该刊设有《书林杂谈吧》《驿站导读榜》《好书漂流舫》《学海悦读坊》和《驿缘文化站》五个栏目。《书林杂谈吧》每期针对一个有关阅读的话题，收录相关的杂文、随笔、评论类的文章；《驿站导读榜》针对一批对大学生阅读起积极导向作用的图书，收录相关推介性书评；《好书漂流舫》鼓励大学生相互荐书；《学海悦读坊》主要记录大学生与书有关的成长故事；《驿缘文化站》收录与南京邮电大学图书馆文化建设相关的文章。该刊的特色在于每期选一枚与读书有关的邮票刊于封底，并配以精简的赏读性文字，将阅读文化和邮电文化紧密结合，凸显了南京邮电大学的校园文化特色。

（三）河北联合大学图书馆《阅读疗法工作通讯》

2010 年 10 月创刊，河北联合大学图书馆创编，是国内首份阅读疗法刊物，分网络版和印刷版。河北联合大学图书馆于 2010 年正式启动阅读疗法工作，为进一步宣传推广阅读疗法，普及阅读疗法知识，更好地为大学生心理健康服务，遂创办了该刊。该刊以"书籍滋养心灵，阅读启迪人生"为宗旨，设有《阅疗视窗》《新闻快讯》《心书推荐》《悦读育心》《成功案例》《协会天地》《知识讲堂》等栏目，既是图书馆宣传推广阅读疗法的窗口，也是读者分享阅读快乐的心灵绿地。

（四）中原工学院《中原书廊》

2014 年创刊，季刊，由中原工学院创编，是中原工学院"阅读学"课程的教学指导园地。该刊以"好书传文明，阅读向未来"为出发点和归宿，主要栏目有：《书笺专递》，邀请专家撰写阅读专论；《锦言嘉行》，精选名家阅读言论与事迹；《书山观景》，展示阅读方面的不同观点和精辟见解；《师长书情》，邀请老师畅谈读书经验及推荐好书；《书生意气》，刊载同学发表的读书感想及推荐好书；《书海串珠》，选载种种推荐书目和好书排行榜；《阅读学堂》，介绍阅读学知识和著作；

《书事剪影》，记录阅读推广活动和经验。

（五）长沙理工大学图书馆《云湖导读》

2009年6月16日创刊，由长沙理工大学图书馆主办，每年编发两期，每期四版，用于内部交流。第一版包括《名家谈读书》《图书馆简讯》《馆际速递》等栏目；第二版为《书香满园》，内容为读者的读书活动等；第三版为《书海撷英》，包括好书推荐、优秀读协会员事迹等内容；第四版为《湖畔屐痕》，主要刊登读者和馆员的佳作，同时也刊登读者活动月优秀作品等。该报致力于指导阅读的选择，揭示阅读的方法，开拓阅读的途径，加深阅读的积累。

（六）海军航空工程学院青岛校区图书馆《悦读时光》

2012年10月创建，系海军航空工程学院青岛校区图书馆所制作的一档微视频荐书节目，半月一期，播出平台是校园网，延伸至图书馆电子屏、官兵宿舍、食堂、教室等处的电子阅览终端。该节目读评结合，以评为主，每期为校区官兵推荐一部优秀书刊，介绍读物的作者、写作背景、主要内容及相关延伸知识，以提高官兵的文学素养，扩大阅读范围，陶冶情操。

（七）九江学院图书馆《濂溪》

2010年4月创刊，九江学院图书馆创编。刊名"濂溪"，取自北宋文学家周敦颐先生的号，也是九江学院南门口小溪的名字。主要栏目有：《卷首语》，主要刊载与图书馆、图书、阅读有关的经典美文；《我与图书馆》，主要刊登读者与图书馆之间的故事；《学者谈读书》，主要邀请学者围绕"治学与读书"进行分享；《读书那些事儿》，主要刊载书评、读后感和读书故事；《木犀轩谭》，取意于近代颇负盛名的九江籍藏书世家李盛铎藏书室"木犀轩"，意在展示和推荐特色馆藏，弘扬和挖掘地方文献；《馆员风采》，刊发能够反映馆员风采的各类型文章；《长恩走笔》，刊发关于图书馆学的学术随笔。

（八）武汉大学图书馆《文华书潮》

2014年4月创刊，季刊，由武汉大学图书馆创编。该刊注重与书籍、阅读、图书馆及武汉大学有关的访谈、旧事、随笔、赏读、书评、荐书等文章，旨在为读者提供一个文化交流、心灵碰撞的平台。刊物装帧简洁雅致，刊名"文华"源于"私立武昌文华图书馆学专科学校",希望以此刊来倡导社会阅读风气,促进阅读推广。

(九)电子科技大学图书馆《花辰月汐》

2014 年 9 月创刊,季刊,由电子科技大学图书馆创编。固定栏目有《名家名篇》《笔原》《美文共享》《"英阅"驿站》等,摘录名家名篇,发表大学生原创文学。同时,每期根据业界热点设有专题性栏目,如 2014 年 9 月设有《图林前沿》,收录《浅谈图书馆创客空间》一文;2014 年 12 月刊中设有《相约"诺贝尔"——法国作家帕特里克·莫迪亚诺专栏》。

(十)无锡科技职业学院《吴风书韵》

2015 年 3 月创刊,由无锡科技职业学院"吴文化研究中心""吴文化书院"学生社团和学院高教研究所联合主办。刊物旨在弘扬吴地地域文化,培育校园书香文化,搭建读书交流平台,彰显园区办学特色。主要栏目有《吴风新韵》《吴史钩沉》《泰伯文化》《读书长廊》《书影流年》《书人微语》《书友博文》《书林折枝》《书院讲堂》《书院在线》等,彰显"吴地文化"和"悦读文化"两大文化元素,营造校园人文氛围。

(十一)南京工业大学图书馆《劝业乐学》

2015 年 4 月创刊,由南京工业大学图书馆创编,每年编发两期,旨在引导大学生"劝其业,乐其学"。刊物着眼于学生读书报告的刊载,与该校"明德大讲堂"联合进行人文讲座的回溯、人文社科类经典图书的推介等。目前设有《卷首语》《学人识书》《明德讲堂》《人文书苑》《行路万里》《读书报告》《好书共读》《编后语》等栏目。

(十二)南京艺术学院图书馆《一品阅读》

2015 年 5 月创刊,由南京艺术学院图书馆创办。该刊主要栏目有《良师导航》《书林漫话》《好书品读》《师友心声》《艺林鉴赏》《艺苑诗文》《馆藏撷华》《学生园地》,不仅与该馆有关的回忆性文章,还有提倡良好阅读方式以及提高自身修养等方面的文章。该刊的特色在于,一方面突出与图书馆和阅读相关的文章,另一方面,基于南京艺术学院丰富的艺术资源,重视艺术作品的品鉴。

第四讲

书评人的启示与"馆员书评"的前景

第一节 "书评人"万象

一、中西方书评人

英国作家乔治·奥威尔（George Orwell，1903—1950）在《书评家的真相》一文中描述了这样一个角色："在一间寒冷而憋屈的兼做卧室的屋子里，到处都是烟头和喝了半空的茶杯，一个身穿满是蛀洞的睡袍的人坐在一张摇摇欲倒的桌子旁，想为他的打字机在乱纸堆中找个可以放置的地方。有一半淹没在乱纸堆里的是一只厚厚的邮包，里面有他的编辑寄来的五本书……这些书中有三部写的内容是他一无所知的，他至少要读上五十页才能避免出错……一直到下半夜，他都会坐在这间越来越冷而烟雾缭绕越来越浓的屋子里，一本接着一本熟练地翻阅，放下的时候叹一句：我的天，又是废话连篇！到了早晨，他眼珠污浊，满面胡子茬儿，一脸不快，在一张白纸前呆呆坐上一两个小时，一直到时针咄咄逼人地把他吓得行动起来。这时他突然来了劲。一切陈词滥调——'一本谁都不能错过的好书'，'每页都有令人难忘的东西'。书评最后结束时，文章长度正好，还剩大约三分钟。与此同时，又有一包内容混杂、提不起胃口的书邮递到达。"①

---

① ［英］乔治·奥威尔. 书评家的真相［J］. 新阅读，2003（10）：1

出版产业化促使专门从事以"促销书籍"为目的的书评写作的职业书评人的产生，这些书评人成为编辑便捷约稿的主要来源。不得不说，乔治·奥威尔确实描述了一群最具代表性的西方职业书评人形象，他们在报酬的诱惑下，在出版商和编辑的指使下，利用自己勉强不错的"补白"文笔，用"读三行、写三页"的应景之笔为一些新出版的书摇旗呐喊，所评对象更是涉及各个知识领域，无所不及。因此，这其中的大多数书评，对于所评新书都做了不充分甚至是错误的报道。

韩晗在《论中西"书评人"差异》①一文中揭示：所谓职业书评人，就是出于图书营销的目的，受图书发行者雇佣，为其新出版的图书在公共媒体上撰写短评或推荐性文字的职业或半职业化作者。这一概念起源于西方，16世纪至17世纪，随着文艺复兴运动，职业书评人与英法等国图书业、出版传媒业同步勃兴。一批书商敏锐地发觉报纸、杂志对普罗大众的影响，他们开始主动雇佣一些有文笔的媒体人或"大学才子"，为自己出版的著作摇旗呐喊。除此之外，不能排除另一种情况的存在：小部分书评人，他们与书商、出版商不存在任何形式的利益关系，而是基于自身的喜好、专业评价某本新书，肯定或否定其内在价值。

中国的书评人起源较早。早在唐宋时代，中国就有专门的"书话"作者，但这类"书话"绝非基于商业利益的书评，而是文人之间对一些经典著作的述评，有点类似于今天人文社科学术中的"文本研究""文献回顾"之类。至清末民初，随着中国图书出版业的发展和报纸期刊的涌现，产生了以《开明》《晨报副刊》《京报副刊》为代表的文学副刊，现代意义上的书评人亦随之产生。当时许多作家如夏丏尊、李长之、杨昌溪、朱自清与巴金等人，都曾有过书评写作活动，其中李长之乃是现当代文学史上一流的书评人。

1949年之后，中国的书评人曾一度消亡。直到1978年之后尤其是21世纪初以来，随着出版产业化的兴起，一批新的书评人又应运而生。当下中国的书评人，多半游离于文化与商业之间，在此夹缝中生存。他们对图书的评价是一种文化活动，但这其中又或多或少掺杂着一点特殊的商业性质。这种游离于文化与商业之间的写作，决定了其具有不稳定性。因此，中国的书评人以兼职者居多，他

---

① 韩晗.论中西"书评人"差异［J］.出版广角，2014（10）：29—32

们并非受雇于某个出版商或某个杂志编辑，多是具有一定影响力的知识分子，多身居另一种较为稳定的职业，如高校教师、研究生、作家、媒体从业者等等。兼职书评人，书评写作多是一种情操、一种副业，而非谋生手段。

可见，西方书评人，尤其是职业书评人的出现，是出版产业化发展的结果，这类书评人多受雇于出版商或者杂志社，依赖出版商和杂志社所支付的工资和奖金生活；在写作书评过程中，不免受到出版商和杂志社的干扰，无法公平、公正、发自内心地评判书籍，而往往就像乔治·奥威尔笔下的这个书评人形象一样，在一个堆满书籍的房间里匆忙地胡诌、违心评论。值得欣慰的是，目前中国少有这类书评人。中国书评人多数还是偏向于将写作书评作为一种文化活动、作为一种喜好的表达、作为一种推广阅读的方法。著名书评家萧乾认识到，书评是一种"为一般读者所写的一般书籍的批评"，是"推广和提高文化的必要手段"，旨在"让读者能有比广告来得客观的评价"。他认为，"书评家首先必须是一个爱书的人"，其基本态度应该是"诚恳"，"要有充足的知识和鉴赏力，对实际生活又怀有莫大兴趣。历史沿革对他不生疏，而拾起每本书来，他仍然持涉猎的好奇心，发现它自身的价值"[①]。

二、职业书评家与业余书评家

西方书评人已经职业化，被称为职业书评家，但职业书评家在中国尚不多见。中国书评人多被称为业余书评家。职业与业余，二者的区别与联系、好处与劣处，在萧乾《书评研究》一书中解释得很清楚：

缺乏经常性的书评作者自有许多不便处，但也省却许多弊病。因为这种业余的书评家才是读者层真实的不甘缄默的代表人。他也许偶尔为一个知友写篇介绍性的书评，但也不至为许多下流作家所包围。更好的，没有业余的书评家甘作出版人的工具，像许多美国职业书评家那样。

…………

那时，按月领薪的职业书评家要看编辑人的眼色，编辑又要觑看出版家的眼色。如果把应捧的书给骂了，好，即刻出版家就会走进来。第一句话就是："喂，

---

① 徐雁 . "在馆书评人"与"阅读推广导航员"［J］. 公共图书馆，2015（3）：2

把我登的广告撤了！我按月给你上千的广告费，你还说我坏话！"

…………

由编辑先生指定评论对象的书评家，将没有像业余书评家那样的热诚了。他也许爱文学，但分配到他面前的却是一本社会问题讨论集。他也许对左拉特别有兴趣和认识，但他要批评的却是高尔基。这种违反脾胃的东西已够使他头痛了，而限期又只有几小时。看了那厚厚的一本书只是发愁。这时，一个由嗜书而成为书评家的人将讨厌起书来了。填篇幅的心很容易超出批评的兴趣。于是，草草把书翻阅一遍，提笔写起来了。习惯的行话、固定的格式、琐屑的引证，看来像闲话，也像梦话；但写完之后他总可以呼出一口舒适的气了。[①]

可见，职业书评家撰写书评容易受到种种限制，主要是来自出版商和杂志编辑的压力，出版商一直都希望书评家能够正面评价其所有出版的新书，即使这本新书够烂，毫无优点可言。而杂志编辑往往在时间和具体写作事宜上给书评家施加压力，比如在极短的时间内让书评家上交多份新书评论，再如对书评字数、文体提要求等等，很容易使书评写作这件事变得无趣，最终将导致原本热爱书评工作的书评家丧失创作激情，终致书评界的混乱。而业余书评家往往不需要承受来自出版商和杂志编辑的压力，他们多根据自己的喜好来写作书评，更加自由。但业余书评家仅仅将书评写作作为一种副业，并不依赖写作书评来过活，因此，业余书评家队伍往往比较松散，不能稳定存在，是为一大缺憾。

三、呼唤独立书评人

2012年5月，盛大文学发布消息：将投资百万元招募一百位"白金书评人"，到2012年9月将率先选出第一批三十位"白金书评人"。盛大文学还将签约并包装"白金书评人"，让签约书评人每月都有基本的创作保障金，同时还能从其点评的图书网上销售收入中得到比例不等的分成，低至5%，高达20%。

有人认为，这种做法能够提供固定的薪资和额外的奖金，保障书评人的基本生活需求，促进我国职业书评家的发展。另有人认为，"白金书评人"过度商业化，部分书评人甚至罔顾客观真实、一味唱赞歌，在商业利益驱动下"拿钱说

---

① 萧乾.书评研究［M］.上海：商务印书馆，民国二十四年（1935）

话",沦为市场的奴隶。确实如此,"白金书评人"受雇于盛大文学,通过利用这些"白金书评人"对网络文学、网络图书的评价,甚至是鼓吹,来提高销售额,获取盈利。"白金书评人"写作书评的目的不是真正揭示书籍真实的内在价值,也不是自己的兴趣爱好使然,而是利用这些书评来宣传图书、销售图书,最终获得基本工资(即所谓的创作保障金)和额外奖金(即根据图书网上销售得到比例不等的分成)。与此雷同的还有 2008 年豆瓣网曾曝光一出版商雇用网络用户,为旗下图书撰写吹捧性评论,以增加图书销量。

可见,当前我国书评人存在职业化、商业化趋向,部分书评人甚至"睁眼说瞎话",胡诌乱评。王一鸣和曾元祥在《治理书评乱象,建立独立书评人制度》[①]一文中认为,这种过度商业化和弱化文化性的书评乱象,究其根源,就是书评独立精神的缺失和独立书评人的严重匮乏。

所谓独立书评,是指坚持客观公正的原则,对图书的思想内容做出不偏不倚的评判的一种书评类型。通常有两层含义:一是指书评内容坚持独立客观的评论准则和文化操守;二是指书评人在经济上不依附于出版商、作者等利益集团,写作这种书评的作者,我们就称之为独立书评人。这类书评人能坚持"美"的标准,能坚持艺术与道德,能分出流行与不朽,他们以读书的良知、渊博的学问、敏锐的美学感觉和独到的眼光,站在客观、公正的立场,推荐书、评论书,不为人情和利益动笔,而是为播撒知识文明而动笔、为广大读者而动笔,做到唯社会良知是尊、唯质量是尊、唯读者是尊。[②]

王一鸣和曾元祥还指出,独立书评的缺失和独立书评人才的匮乏,是书评工作出现种种乱象的根源。无论是一味叫好的吹捧式人情书评,还是弄虚作假的商业书评,都折射出书评独立性不足的现实困境。具体表现为两大类:一类是书评人磨不开面子,或受人所托,或碍于人情,扭曲评论的客观真实标准,大唱赞歌,做违心之论,无视书评的独立性;另一类是书评人挡不住诱惑,或受雇于出版商,或得益于作者,罔顾评论的客观真实立场,指鹿为马,睁眼说瞎话,背离书评的独立性。书评界强烈呼唤更多独立书评人来创作更多独立书评。

---

① 王一鸣,曾元祥.治理书评乱象,建立独立书评人制度 [J].中国出版,2015(21):23—26
② 孤岛.呼唤真正的独立书评人 [N].中国艺术报,2012-6-8(001)

四、"在馆书评人"的崛起

以职业书评家和业余书评家为主要构成的"万象书评人"，很容易写出以下两种无所作为、用处不大的书评：第一种是流程化的书评，在所有书评中占有最大比重。这类书评多为生搬硬套型书评，书评者多拼接网络上的读者评论和书籍中的只言片语，以成书评。第二种是"圈内人"书评。这类书评一般是在多方沟通之后所撰写的图书评论，多在出版商、书商、杂志社、作者的干预下完成。具体又可以分为"饭局书评"和"打包书评""红包书评"。前者是以作者为主导，将各路人马聚集到一起，协商委托书评家撰写书评；后者多以出版社和书商为主导，他们为促进图书销售，将新书打包给约定的书评家，令其按要求撰写书评，并给予一定数额的"红包"。所作书评大多是在一目十行、极速浏览的前提下写出的违心吹捧之词。

真正意义上的好书评，能够发挥真实作用，能够发挥信息功能、中介功能和导读功能，让读者直接通过书评就能明白书籍所为何物、所讲何事，进而决定是否购买此书、阅读此书。因此，我们渴求"评由心生"、真心实意的优质书评，呼唤独立书评的崛起和独立书评人队伍的壮大。

独立书评人当中就有一支正在崛起的、重要的书评队伍——"在馆书评人"。"在馆书评人"是由图书馆馆员组成的书评队伍，他们是一群"学习型馆员"，他们充分利用图书馆馆藏资源，基于所购新书撰写图书评论。"腹有诗书气自华"，图书馆馆员作为"在馆书评人"撰写书评，既能够提高馆员的自身素质，又能够平衡情感与理智，在不受或少受外界的干扰下，撰写出真实的书评，以达到指导读者阅读的效果。

当下，在"倡导全民阅读、建设书香社会"的背景下，深圳图书馆原馆长吴晞给图书馆人提出了四方面的要求：第一，主动引导，让不喜欢阅读的人感受到阅读的快乐；第二，积极培训，让不善于阅读的人学会阅读；第三，友好协助，消除特殊群体阅读的鸿沟；第四，高效服务，使所有人更加高效、便利地阅读。"在馆书评人"，即图书馆馆员通过撰写书评能够达到这一目的。"在馆书评人"及其所撰而成的"馆员书评"值得推广，"在馆书评人"正在崛起。

第二节 "大众书评"与"馆员书评"

一、"专业书评"与"大众书评"

北京大学教授孟昭晋在其编著的《书评概论》一书中，按照被评图书的专深程度和书评读者范围的大小，将书评划分为"专业书评"和"大众书评"①。专业书评又称"学术书评"，是指针对专业性强、学术内容专深的图书，由同行专家所写的书评；一般发表在专业性较强的学术刊物上，篇幅往往较长。"大众书评"又称"副刊书评"，是指针对读者面较广的图书（如文学、科普读物等），由普通读者所写的书评；大多发表在报纸的书评专栏，或散见于报纸的副刊、专刊，乃至一些大众性杂志上，特别是面向广大读者的读书杂志或书评期刊。

根据不同写作主体，又可以在"大众书评"中析出"书业书评"和"馆员书评"两类；南京大学徐雁教授指出，二者存在三大显著区别②。第一，"馆员书评"与"书业书评"的出发点不同。所谓"出发点"，也就是"立场"问题。"馆员书评"的立场，是站在知识传播的出发点，面向大众进行的公益性、义务性的阅读指导和读物推广行动；"书业书评"则是站在图书商品市场的出发点，面向大众进行的导购行为。第二，"馆员书评"与"书业书评"的价值观不同。所谓"价值观"，也就是"利益关怀"问题。"馆员书评"的终极利益关怀是：入藏在图书馆中的佳作好书、名著经典是否及时地被读者所关注、所利用，体现的是"为书找人，为人找书"的图书馆存在价值和服务理念；"书业书评"所关注的，是图书出版发行后，能否成为市场销售的热点商品，吸引顾客踊跃购买。后者不免有出版商及其雇佣者（如接受"有偿书评"的"职业书评人"）"王婆卖瓜，自卖自夸"的市场营销宣传特性。第三，"馆员书评"与"书业书评"的行文风格不同。"馆员书评"的文风，应当具有开门见山、言简意赅的特点，以便读者依据各自的阅读需求选择借阅被评价、被推介的读物，实现"好书人人读、佳作天天看"的公益性目的；"书业书评"的文风，往往在开门见山、言简意赅的同时，还具有夸张内涵、煽情

---

① 孟绍晋.书评概论［M］.南京：南京大学出版社，1994：30—32
② 根据徐雁教授在"2016华夏阅读论坛"暨全民阅读推广内涵深化研讨会（江苏宜兴）上的报告《最是书香能致远——"学习型馆员"的业务提升与全民阅读推广的时代使命》整理。

重感，甚至以偏概全、入时媚俗的商品宣传性特征，以期达到顾客"打开自己的钱包"，实现所谓"引导消费、引领市场"的功利性营销目的。

汪永华在《书评队伍建设管见》^①一文中介绍，书评队伍有四种类型：第一种，专家、学者、名人作者群，是书评的骨干力量。这类书评作者或对某一学科、专业颇有研究、造诣较深，或擅长写作、富于文采，或知名度高、有感召力，适合评价比较高深的学术著作和出版商的重头产品。第二种，编辑作者群（多为报刊编辑、图书编辑），是书评中的主导力量。这类书评作者了解图书行业内情，平时与新闻单位联系密切，发表书评作品较为容易。第三种，业余书评小组作者群，是 20 世纪 80 年代"振兴中华"读书活动后涌现出来的一支不可忽视的力量。第四种，广大读者中的书评作者群。后两类书评作者所撰书评真情实意，直抒情感，少有顾忌，客观实在，更能接近读者的心声，深受读者欢迎。

由专家、学者所写的"专业书评"，层次较高，较为专深，不容易被普通读者所接受。由编辑或职业书评人所写的"书业书评"，目的性较强，难免有失公允，可能误导普通读者。由业余书评爱好者所撰写的书评，能本着"从读者中来，到读者中去"的原则，将自己的所感所想真实表达出来，传播给大众，用以作为解释图书、了解图书的工具，引导大众阅读好书佳作。这其中，一支重要的书评队伍就是图书馆馆员，他们被称为"在馆书评人"，所撰书评被称为"馆员书评"。"在馆书评人"基于图书馆的资源优势、接触新书资源的便捷、多渠道的书评发布途径、图书馆学的专业素养，以及与读者大众的密切关系，所做书评更具优势，更能发挥书评的信息作用、中介作用和导航作用，更加值得推广。

二、"馆员书评"的提出

早在 1985 年全国图书评论工作会议上，中宣部出版局原局长许力就谈道："图书馆的同志有较高的文化水平，又了解图书的信息，动员他们写书评，我看是个好办法。"^②20 世纪 90 年代，图书馆界就提出图书馆馆员有向读者推荐图书、指

---

① 汪永华.书评队伍建设管见［J］.编辑之友，1989（3）：29—32

② 苟廷颐.基于文献计量分析的图书馆员书评队伍建设研究［J］.科技情报开发与经济，2013（22）：85—87

导阅读的任务，图书馆馆员应研究书评、积极撰写书评，通过书评向读者推荐好书、批评劣书①②。可见，图书馆领域关注书评由来已久，图书馆有开展书评工作的传统。但可惜的是，图书馆的书评工作往往仅限于收集书评、整理书评，以作为揭示馆藏、指导阅读的工具，而缺少对书评的研究，缺少撰写书评的行为，尚未充分挖掘图书馆馆员作为"在馆书评人"撰写"馆员书评"的价值。尤其是在书评乱象丛生的时代，多见以"水军"角色出现的职业书评人所撰写的"言过于书"的速成书评，在"红包""交情"之下生成的无原则书评，或是由专家学者写成的学术论文式书评，均不适宜普通读者阅读。前者可能误导读者，后者压根就很难看懂，这就与书评初衷差了十万八千里。

那么，广大读者所需要的这种真心实意、浅显易懂的"正直书评"，应该由谁来写？谁又有可能担当起此重任呢？中国图书馆学会图书评论与阅读推广专业委员会原主任严峰指出了一个重要的途径——"馆员书评"。"提倡和鼓励图书馆员撰写读书随笔尤其是书评，是要更好地发挥图书馆专业馆员了解熟悉图书、拓展阅读视野的优势，在阅读推广中向读者提供尽可能可靠、精准、权威的读物选择"，进而"提升图书馆的公共服务品质，提高馆员与读者的互动与沟通水准。"③

其实，我国近现代图书馆事业发展中，很多知名的图书馆学专家学者给我们做出了这方面的表率，陈独醒、杜定友、李小缘、刘国钧、钱亚新、史量才、徐旭、俞子夷等图书馆界的先驱前辈，均著有关于阅读方法和推荐阅读的文章，其中就有对所推荐图书进行评论的作品。④美国的书评队伍中，图书馆馆员也是其中最重要的一支力量。在美国，图书馆馆员都是经过严格的综合性训练的大学生、研究生，多具有渊博的知识，他们本身就是某学科或某领域的专家，在学术界具有较高的权威性，甚至成为美国各书评报刊的争夺对象。⑤

"馆员书评"，即由图书馆馆员所撰写的图书评论，是评论、介绍新书或图书

---

① 陈之珩，陈福季．馆员应该重视书评［J］.图书馆建设，1995（1）：62—63

② 曹娟．作为"读书顾问"的"馆员书评"——以《书读义见：图书馆员书评佳作选》为例［J］.图书馆论坛，2015（12）：11—14

③ 徐雁．"两个批评学者"与"五十个书评家"——论全民阅读推广下的"大众书评"与"在馆书评人"［J］.图书馆论坛，2015（12）：1—7

④ 严峰．从馆员书评开始，引领全民阅读的深入［J］.新世纪图书馆，2014（1）：15—18

⑤ 罗仁助．美国的图书馆与书评业［J］.图书馆理论与实践，1993（1）：16—17

馆藏书的文章。它以书为对象，客观而有见地地分析书籍内容，探求创作的思想性、知识性和艺术性，从而使作者、读者及出版商间的信息交流渠道畅通。"馆员书评"具有"窥一斑而知全豹"的作用，以较短的文字评论图书的价值、学术成就及胜败得失，容纳全书最重要的信息，是提高图书馆阅读推广效率的有效助推器。相较于其他类型的书评，"馆员书评"具有独立的立场。因为图书馆是公共文化机构，图书馆馆员坚持公平、公正的理念，更能站在一个读者的视角写作真实书评。"馆员书评"还拥有较强的资源支撑，图书馆馆员对图书的了解和对图书信息的把握，能够为他们快捷便利地掌握学科知识和图书资源提供物质保障。"馆员书评"能实现馆员与读者的有效互动，馆员站在读者的角度撰写书评、推荐图书，更具引导作用。①除此之外，图书馆馆员还具有书评研究的专业知识，了解和评价图书一直是图书馆馆员的一项基本功。早在 20 世纪 80 年代，我国高校图书馆学专业就开设了书评课程，比如 1985 年，徐召勋教授在安徽大学图书馆学系开设"书评学概论"课程。"在馆书评人"在熟悉书评知识的基础上，本着独立书评、公正书评的原则撰写图书评论，形成接地气的"馆员书评"，在所有书评种类中独具一格，更有价值。

"馆员书评"不仅能够揭示馆藏图书，促进馆藏资源的利用，还能开发其导读功能，指引读者阅读。此外，图书馆馆员撰写"馆员书评"，还能够促使馆员落实"读为基础，想为主导，落实到写"的行为，进一步提升图书馆馆员的综合素质，符合"学习型馆员"的要求。发展"馆员书评"还可以结合学科馆员制度，促进"馆员书评"由一般书评转向专业书评，使得馆员在专业领域大放异彩。"腹有诗书气自华"，"在馆书评人"最美丽，"馆员书评"最值得提倡。

三、"馆员书评"的发展现状

自 20 世纪 80 年代算起，"馆员书评"已经在我国书评业存在了三十多个年头，沉寂过，发展过，也取得了一些进展。特别是近年来，在南京大学教授徐雁、中国图书馆学会图书评论与阅读推广专业委员会原主任严峰、南京邮电大学图书馆馆长钱军、南京艺术学院图书馆书记陈亮等人的努力和倡导下，"馆员书评"

---

① 李海燕.我国馆员书评现状及其发展策略［J］.图书馆论坛，2015（12）：8—10

在沉寂了二十多年之后重新登场，受到图书馆界、阅读界、书评界的广泛重视。这种重视已不仅限于理论层面的论述，而是更多地落实到图书馆的实践当中，将书评工作，尤其是图书馆馆员撰写书评工作落实到实处，以发挥"馆员书评"的优势。

杭州图书馆是为一典型案例。2010年起，杭州图书馆开始试行馆员写书评，由该馆文献借阅中心的馆员专门负责，记入馆员月度绩效考核；馆员撰写的书评刊登在图书馆网站《心随阅动》栏目上，通过在线的形式进行推广。杭州图书馆负责撰写书评的馆员，专业背景多元，涉及法律、教育、工商管理等多个专业领域；所评介的书籍以新书或社会热点书为主，对于冷门书籍也偶有推荐，这在一定程度上取决于馆员的主观意识和个人喜好。[①]

此外，大连图书馆亦成绩斐然。早在2006年，大连图书馆文献编目中心和历史文献部就专门负责开展"馆员书评"工作，内部印制发行了《新书房》一刊，并推广至大连市市直机关，成为大连建设学习型机关名副其实的助推器。大连图书馆撰写书评的馆员，专业背景多集中在文科方面，涉及图书馆、历史、汉语言文学等专业领域，结合个人文化修养，所评以社会热门图书为主。另外，2013年出版的《大图》第四期还专门开设了《书台品藻》书评栏目，为"馆员书评"提供发表平台。[②]

除了图书馆做出行动之外，《图书馆报》也在积极努力地实践"馆员书评"。2011年初，《图书馆报》进行了改版，每期增设C版专刊。2011年3月11日推出的C08版《书评专刊》，即为专门的"馆员书评"发表园地。首期"书评征集令"如是写道："图书馆珍藏着人类的精神财富，是一个具有浓郁文化氛围的场所……对于图书馆馆员来说，他们不仅仅是图书的管理者，也是图书的最忠实读者……让我们利用职业优势，率先建立起终身学习的理念，将读书融入工作，将书籍融入生活。"[③]在建设学习型图书馆成为时代诉求的今天，《图书馆报》此号召标志着图书馆界越来越重视馆员的精神力量和作用，并将逐步落实到行动中去。

① 许琳瑶."馆员书评"在全民阅读推广中的知识导航作用［J］.图书馆杂志，2012（4）：107—109

② 吕健."馆员书评"：新阅读时代阅读推广的有效助推器——大连图书馆"馆员书评"实证研究［J］.图书馆工作与研究，2014（7）：91—93

③ 安欣.书评征集令［N］.图书馆报，2011–3–11（C08）

可喜的是，该版的大多数书评作品立场客观，态度中肯，体现了图书馆馆员的职业素养和为读者选书的宗旨。

苏州图书馆《今日阅读》、温州图书馆《温州读书报》、金陵图书馆《阅微》、太仓图书馆《尔雅》、江阴图书馆《读读书》、佛山图书馆《书虫》等馆办刊物，亦是较为集中的"馆员书评"发布平台。

由中国图书馆学会阅读推广委员会主办，图书评论专业委员会携手《图书馆报》、成都图书馆、大连图书馆、金陵图书馆、南京邮电大学图书馆、厦门市图书馆承办，在2013—2015年连续三年推出"馆员书评"征集活动，共征集到图书馆馆员来稿近千篇，推荐了近千种图书，发掘了一批优秀"馆员书评"作者。2016年5月11日，第四季"馆员书评"征集活动正式拉开帷幕，为积极推进"馆员书评"的发展和"在馆书评人"队伍的建设，提供了支持和动力。"馆员书评"集锦——《书读义见：图书馆员书评佳作选》正是前两季"馆员书评"征集活动获奖作品的结集，所选文章四十七篇，分为《儿童与亲子读物》《文学读物》《传记与人文读物》《综合读物》四辑。所选书评文章，有的文笔细腻，娓娓道来；有的沉着冷静，深思熟虑；有的更是充满智慧，满是启迪。

虽然"馆员书评"发展成绩可喜，但不可否认，"馆员书评"也存在一些问题。第一，"馆员书评"尚未得到图书馆甚至是图书馆馆员的足够重视，馆员书评仅仅被视为非常规的读者活动手段。第二，"馆员书评"的整体质量有待提高。"馆员书评"存在一些通病：或未掌握书评的基本写作手法；或就书论书，浮于表面；或堆砌拼凑，缺乏逻辑。第三，"馆员书评"发展不够均衡，表现为"在馆书评人"性别比例失调，各个图书馆发展程度不一。第四，尚未建立专门的"馆员书评"数据库，无法集中回溯检索，获取不便。

金陵图书馆副研究馆员李海燕较为全面地提出了"馆员书评"未来的发展方向。第一，重视"馆员书评"。将"馆员书评"纳入馆员职称评审和业绩考核体系；组织各具特色的"馆员书评"活动；建立"馆员书评"数据库；组织专业培训，培养书评馆员；强化"馆员书评"平台建设，扩大"馆员书评"的影响力。第二，提升书评馆员素养。首先，馆员阅读的观念需客观、开放，了解、学习、存疑，保有学习和探索的热情，这是撰写"馆员书评"的基础。其次，馆员还需具有良好的品性，即馆员的精神以及由精神决定的态度。用和善谦逊的态度与读者友好讨论，不以"指导者"自居。再次，馆员需有扎实的学识，即阅读指导和学科、领域相关的技术和常识，具体包括教育学、图书馆学、旧学和新学、中文和西文、心理学和民众心理学。第三，创新"馆员书评"。发展馆员"微书评"、学生馆员书评、志愿馆员书评等"馆员书评"形式[1][2]。"馆员书评是书海慈航、普度众生的舟楫。馆员读好书、写书评，旨在阅读推广、指导人读书，如同修桥铺路、教育育人，乃是积德行善、普度众生，值得大书特书的好事，值得大力推广的实事。"[3]南京大学徐雁教授如是说。

第三节　"馆员书评"与阅读推广

一、书评的导读功能

中国民主促进会中央委员会副主席朱永新先生说过："一个人的精神发育史就是他的阅读史，一个没有阅读的学校永远不可能有真正的教育，一个书香充盈的城市才会是一个美丽的城市，一个民族的精神境界取决于这个民族的阅读水平。"他将个人阅读上升到学校阅读，再由城市阅读上升到民族阅读，认为"阅读意味着改变。通过阅读能够改变我们的一切，改变我们自己，改变我们学校，改变我们城市，改变我们民族"，强调"共读共写共同生活"[4]。

读书写作，何其重要！可喜的是，中华民族自古以来就有"好读书"的传统。"万般皆下品，唯有读书高""书中自有黄金屋""书中自有颜如玉"之类的诗句名言数不胜数。在印刷术尚不发达的中国古代，书籍可遇而不可求。明初诗文三

---

① 根据金陵图书馆副研究馆员李海燕在"2016 华夏阅读论坛"暨全民阅读推广内涵深化研讨会（江苏宜兴）上的报告《2016 年度馆员书评再出发》整理。

② 李海燕. 我国馆员书评现状及其发展策略［J］. 图书馆论坛，2015（12）：8—10

③ 根据徐雁教授在"2016 华夏阅读论坛"暨全民阅读推广内涵深化研讨会（江苏宜兴）上的报告《最是书香能致远——"学习型馆员"的业务提升与全民阅读推广的时代使命》整理。

④ 朱永新. 我的阅读观［M］. 北京：中国人民大学出版社，2012

大家之一的宋濂在《送东阳马生序》中描述了自己求书、抄书之艰难："余幼时即嗜学。家贫，无从致书以观，每假借于藏书之家，手自笔录，计日以还。天大寒，砚冰坚，手指不可屈伸，弗之怠。录毕，走送之，不敢稍逾约。以是人多以书假余，余因得遍观群书。"如今，出版业发达，书籍层出不穷，可悲的却是，人们已经不再爱好读书，读书仅仅是极少数人的专业需要、兴趣爱好、实用技能。但值得欣慰的是，人们已经开始认识到缺失阅读所带来的严重后果，国家也积极推进全民阅读，号召建设书香社会。2012 年 11 月中共十八大报告正式写入"开展全民阅读活动"，标志着全民阅读已经受到国家重视。2014—2017 年，"全民阅读"连续四次被写入《政府工作报告》，这进一步标志着推进全民阅读已经成为国家基本文化战略。

阅读理应成为一个人一生的追求。阅读不是天生的，它需要后天的引导；阅读的重要性也不是所有人都能理解的，它需要无数阅读推广人的积极努力。而书评，即图书评论，作为一种对图书内容、装帧形式等方面进行主题揭示、内容分析和价值评判后所写的议论文章，恰好具有引导读者阅读、提高读者阅读效率和阅读能力的功能，在阅读推广中发挥着积极的导读作用。萧乾认为，"作品价值的起点是在被人阅读。这中间需要一座桥梁，促使作品与读者接近"，"把适当的读者导引到适当的著作前"[①]，实现对读者的导读作用，即"为人找书"。书评能使读者对图书的价值做出判断，让读者了解图书内容的优劣，选择自己需要阅读的图书，起到导读功能。

作为阅读推广主体重要构成之一的图书馆，更应该重视书评的导读功用，强化"在馆书评人"撰写书评的意识，将"馆员书评"作为图书馆阅读推广工作的有力助手，积极有效地开展阅读推广工作。但事实情况却如严峰所指出的那样：大凡说到阅读推广，对图书馆馆员在其中的作用，一般都是限定在"发动撰写书评""组织读书活动""策划阅读征文""交流阅读心得体会""主办读书交流栏目"等方面，竟然没有一处提及倡导图书馆馆员亲自撰写书评。可见，图书馆利用书评来推广阅读并不少见，但借助"馆员书评"进行阅读推广却少之又少。图书馆界需提高认识，鼓励馆员撰写书评，并以"在馆书评人"所撰的"馆员书评"为

---

① 萧乾.书评研究［M］.上海：商务印书馆，民国二十四年（1935）

推手来促进阅读、推广阅读。

二、"馆员书评"与图书馆阅读推广

深圳图书馆原馆长吴晞先生指出，纵观我国近百年图书馆的发展，可以说经历了三个历史阶段：一是从封闭到开放，二是从向部分人开放到向全社会普遍开放，三是从被动地提供服务到主动地推广服务。进入 21 世纪，我国图书馆大体完成了前两个阶段的使命，即基本实现对全社会普遍、均等、免费开放，现在正在迈向第三个阶段，即进入大力开展阅读活动、向全社会主动推广图书馆服务的新时期。图书馆阅读推广活动花样繁多，其中，借助"在馆书评人"所做的"馆员书评"来引领读者、促进阅读必不可少。

"馆员书评"是图书馆馆员作为"在馆书评人"，基于图书馆的资源优势和图书馆馆员对于图书行业的了解和各类型图书的接触，本着一颗热爱书评、忠实撰写的原则写成的具有信息功能、中介功能和解释功能的图书评论。"馆员书评"在图书馆阅读推广中能发挥极大作用。首先，图书馆馆员在创作"馆员书评"时需要阅读、理解所评图书，而写作一篇书评至少需要看三遍。一部分图书馆馆员在撰写书评时能有效提高自身的阅读能力，并将这种浓郁的读书氛围扩散到其他馆员当中去，从而间接达到阅读推广的目的。其次，"馆员书评"是由直接接触读者的图书馆馆员撰写而成，能有效把握大多数读者的阅读意愿，利用书评推广阅读。最后，相较于其他种类的书评来说，"馆员书评"更加真实，更可靠。以各类型图书馆平台为依托，以"馆员书评"为工具来推广阅读，优势明显，势不可当。

不仅如此，在出版业发达、新书层出不穷的今天，"馆员书评"可以为读者拨云见日，过滤掉繁杂无用的信息，引导读者选择符合自身兴趣、职业需要和生活需要的读物，使"馆员书评"日益成为新阅读时代图书馆阅读推广的助推器。网络时代，我们更需要创新"馆员书评"写作与发表的形式，利用网络传播的便利，积极推进"馆员书评"，促进阅读推广。2013 年 11 月，中国图书馆年会"馆员书评与全民阅读推广"分会场在上海世博展览馆 7 号会议室举行。此举将"馆员书评"与全民阅读推广紧密结合在一起，充分揭示了"馆员书评"对全民阅读推广的促进作用，以及"馆员书评"蒸蒸日上的突出地位。严峰认为，提倡和鼓励图书馆馆员撰写读书随笔尤，其是书评，是要更好地发挥图书馆专业馆员了解熟悉图书、拓展阅读视野的优势，在阅读推广服务工作中，向读者提供尽可能可靠、精准、权威的读物选择。在国家提倡"全民阅读"的大背景下，图书馆要积极地参与进来，从"馆员书评"开始，大力培养"读写双勤"型的阅读推广馆员，来参与乃至引领全民阅读推广工作。① "那么，努力构建一支以'在馆书评人'为主导的读物推广人队伍，则是'学习型图书馆'建设的题中应有之义，也是图书馆积极回应'促进全民阅读，建设书香社会'基本文化战略的一项有待作为之举。"② 南京大学徐雁教授如是认为。

第四节 "馆员书评"写作指南及示范 ③

一、"馆员书评"的写作指南

书评写作并无严格的范式，针对不同类型的图书，可写出不同类型的书评，侧重点也有所不同，"馆员书评"亦是如此。"馆员书评"以"为人找书，为书找人"为基本原则，选择图书馆中的好书撰写书评文章，给读者提供阅读参考。其书评文风，应当具有开门见山、言简意赅的特点，以便读者快速、准确地了解所评之书，捕捉其阅读价值。同一般书评形式一样，"馆员书评"亦有三种基本形式，分别是批评性书评、中性书评和推介性书评。选择哪种形式，要视具体情况而定。

书评具有三大功能，分别是描述功能、解释功能和评价功能，"馆员书评"在写作过程中，更要特别注意发挥书评的这些功能。书评的描述功能要客观反映

① 李海燕.书读义见：图书馆员书评佳作选［M］.北京：华龄出版社，2015：295—296

② 根据徐雁教授在"2016华夏阅读论坛"暨全民阅读推广内涵深化研讨会（江苏宜兴）上的报告《最是书香能致远——"学习型馆员"的业务提升与全民阅读推广的时代使命》整理。

③ 本节内容主要根据萧乾著的《书评研究》［商务印书馆民国二十四年（1935）版］，徐柏容著的《书评学》（黑龙江教育出版社1993年版），孟昭晋编著的《书评概论》（南京大学出版社1994年版），李海燕主编的《书读义见：图书馆员书评佳作选》（华龄出版社2015年版）摘录、改编而成。

被评介书籍是什么，即描述所评之书的外在物质特征和内容特征。外在特征所包括的内容，与目录中著录的部分大致相同，即对所评图书的书名、责任者、出版时间、出版地点、出版者、页数、开本、定价等的介绍；而内在特征则是对所评图书的篇章结构、题材、主题、研究成果等方面的简要叙述。书评的解释功能就是对阅读感受的分析、强化与深入阐述，阐述作者的写作目的和内容主题，分析所评图书的审美效果和论证效果，等等。书评的评价功能的发挥，建立在描述功能与解释功能的基础之上，往往是书评作者在超越所评对象的基础上做出的一系列价值判断，包括对被评书籍的思想、内涵、内容成就、艺术特色、学术造诣，及其社会意义等方面的判断。由论点、论据、论证构架起来的对所评书籍的基本评估，是整篇书评文章的灵魂。"馆员书评"旨在推广阅读，写作中更要重视"评价功能"。

在"馆员书评"写作过程中，不仅要把握大的方向，以公益性、无利益相关的书评写作为原则，还要注意发挥书评的描述功能、解释功能和评价功能。更要从细微处入手，如同一般好书评在写作过程中需要注意的那样，在读书与选书、立意与谋篇、表达与写作等具体方面，尽量做到完善。

（一）读书与选书

孔子说："不学诗，无以言"，书评界却流行这样一句话："不读书，无以评"，认为书评者不仅需要阅读所评之书，还要有学识修养，"读书破万卷，下笔如有神"。在"不读书"情况下容易产生这种现象：书评者仅仅读一读内容介绍、章节目录、作者简介、前言、后记、版权页，或者听一听编辑的介绍、述评，或是写作心情较好，不惜吝啬地翻上一翻、瞄上一瞄等等，就可草就一篇书评，此为大忌。如此，一般不易写好，不易做出准确判断，然而迫于情面又要硬着头皮写出来。这类书评既非阅读原书之后的"有所发明"，又非"有感而发"，除了"空话连篇"之外，恐怕也只剩"过甚其辞"的捧场话。

书评者为评书而读书的最佳方式是反复读，即不止粗读一遍或者精读一遍，自然也不是浏览一遍，而是精读几遍或者精读、粗读结合，交叉进行。台湾著名作家龙应台女士就有这样的体验："一篇书评要消耗我很多的时间，很大的精力，实在辛苦极了"，"第一遍凭感觉采撷印象；第二遍用批评的眼光去分析判断、做笔记；第三遍，重新印证检查工作的价值判断。最后才动笔写文章。"除此之外，书评者读书还需"海纳百川""腹中贮书一万卷"，评价一本书却不只是读这一本书，而必须博览群书，多读同类书或相关书（题材相关、作者相关等），以便游刃有余地写评论。书评者需"入乎其中，出乎其外"，树立高屋建瓴的书评高度和冷静客观的书评态度。

所评图书有被动接收和主动选择之分，前者可能因某种社会关系的约束和限制而要求书评者针对特定的书籍进行写作。此种情况之下，往往会形成不是发自肺腑的、质量较差的吹捧式书评；后者是由书评者主动选择某本书进行评论。这种写作是基于作者的阅读兴趣和知识水平而写成的具有积极意义的书评。

"要评书，先读书；读书前，先选书；选书前，先读书。"读书后方知选书，选书后方能读书，读书后方能写书评。但随着世界范围内出版业的发展，人们真是徜徉在书海之中，选书难题随之而来。选书如沙里淘金那样困难，而书评者选书的好与坏，往往决定了这篇书评的得与失。除了通过读书来提高阅读素养、知识素养，以便迅速准确地定位选书之外，还需遵循一定的原则，掌握一定的方法。在此，特提供几个选书原则以做参考。其一，主动选书，选择最熟悉、最精通的内容，选择自己能力范围内感兴趣的书；其二，新书优先于旧书，书评具有适时性，因为书评要迅速及时，社会效用才会更大；其三，优先选择好书、坏书，少选平庸书；其四，重视选评贴近时代、贴近生活的书；其五，重视选评社会影响力大的书。

（二）立意与谋篇

读的阶段，可分为若干侧面，第一是接收，第二是赏析，第三是批评。接收意为全面接收信息，了解书籍内容。赏析包括鉴赏和分析两个方面，两者并非独立状态。评价文学艺术作品，多用鉴赏；而理性的自然科学和社会科学作品，则需多分析。赏析是以诉诸情感、认知为主；而批评则需诉诸理性，对书籍的内容进行批判。接收、赏析和批评没有前后阶段之分，而是在接收过程中赏析、批评，在理解、全面接收的基础上立意、谋篇、动笔。

立意就是确定书评的中心思想，要写些什么，表达什么思想，说明什么问题，对于书的价值判断做出理性的倾向性分析，确定评论的方向与目标。其来源有三：

书评者所评的书、书评者的生活实践、书评者的思想感情。基于所评之书，加上书评者的生活实践和思想情感，以立意书评。

立意之后，继而谋篇，也就是构思书评的组织结构，确定书评的构架。尽管立意不错，但不善谋篇，罔顾构架，即使局部精彩，全篇也难免暗淡失光。做好谋篇，读者可轻松阅读。谋篇之首，先要确定采用哪种文体类型，针对不同类型的图书，选择适宜的文体。谋篇之次，还要以突出立意主旨进行架构，以文章主旨为中心，谋划布局文章结构、内容层次。谋篇之末，还需力求结构严谨完整，书评文章各部分应严丝合缝，无疏无漏，详略得当，不枝不蔓。

（三）表达与写作

除却选书精、立意高、谋篇实之外，要想写出好书评，还需表达精彩。这就涉及书评写作的具体实施阶段。书评写作要通过语言文字来表现所需要表达的东西，即通过叙述、描写、议论、说明、抒情等方式，增强表达效果。书评者需善用写作技巧，以增强文章的感染力。书评语言要求准确、生动、形象。书评的字句、修辞、标题、标点等都是书评的细节，没有对这些细节的处理，也就失去了美感。

书评倘若想要吸引读者，首先应该在标题上下点功夫，要借用新闻标题的表现方法，剥开书籍那层"皮"，揭示内容，利用诠释和评价型的标题来突出书评文章的主旨，吸引读者阅读。书评还可能有另外两种标题：副标题和小标题。前者用作对主标题的补充、说明；后者是指书评各个部分的标题，多用于长书评之中。此类标题用得好，可成为"画龙点睛"之笔，反之则可能画蛇添足。

"开头如凤头"，是指书评开头要和凤凰的头那样，精巧俊美，要求能点题、概括全文主旨；还要注意开头尽量吸引读者的注意力，使读者有兴趣读下去。书评常见的开头有揭示主旨、介绍所评之书、介绍作者三种，无论何种开头，均需引人入胜，诠释主题。

"终篇如豹尾"，是指书评结尾要精悍而有力，令人有"余音绕梁，三日不绝""辞已尽而势有余"之感。结尾通常有总结式结尾，即在结尾处概括全书内容、主旨；有瑕疵式结尾，即以所评书的瑕疵作为结尾；有期望式结尾，如对图书再版、作者写作、读者阅读的期望。

总之，"馆员书评"写作可易可难。对于具备一定阅读基础、实践经验丰富、情感表达细腻、文笔文风精彩的图书馆馆员来说，此为小事一桩。但凡偶遇好书、妙书，就可写上百把千字，以表达自己的喜悦之情；但遇离谱之言，也会"愤"笔疾书，做一番批评探讨。对于素不爱读书、不喜思考、不善表达的馆员来说，此为难事，想要硬憋成一篇书评，甚为困难，更别谈写出书评佳作了。为写好书评，图书馆馆员应该利用丰富的馆藏资源和闲暇时间，多读书，多思考，多关注实践，在此基础上做好选书工作。还需把握正确的思想方向和最真挚的书评情感，选择落脚点，准确立意，谋好篇章。还需注意细节，定好标题，始于"凤头"，终于"豹尾"，斟酌字句，以求达意。

二、"馆员书评"写作示范

穿越美丽和智慧的聆听——品读《橙色女孩》

孟洁瑾　浙江省绍兴县图书馆

我用笔触构筑一个时间的隧道

让年华在其中沉浮

情感里流泻下一缕阳光

掩住眼睛

在最美丽的风景里品读一种永恒……

初次邂逅乔斯坦·贾德的《橙色女孩》（［挪威］乔斯坦·贾德著，莫光华译，接力出版社2011年1月版），那种在心底最柔软的地方滋生的感觉，唯有用诗才能慢慢接近，从太阳深处滤一层红——凝重、真切的至浓父爱，撷一丝黄——精神追寻的寄托，高贵哲学的守望，配以人间的一缕白——纯澈、宁静的美妙爱情，调出一抹灿烂的橙色，它华丽、柔和但又随性。它带领我们享受梦幻，携手睿智。

一本由十五岁的少年和他去世十一年的父亲"共同完成"的书。一封死去十一年的父亲写给儿子的信，给我们捎来了一个北欧世界里缠绵悱恻、清丽智慧的爱情哲理故事，主人公乔治四岁时，父亲去世了。在乔治十五岁那年，奶奶整理旧玩具时发现了一封父亲写给儿子的长信。信中父亲向儿子吐露了一个秘密，一个关于他和那个喜欢穿橙色衣服女孩的曲折恋爱故事……怀着复杂矛盾的心情一口气读完父亲长信后，乔治开始独立思考，开始选择自己的生活，开始重新认识生命……

《橙色女孩》的魅力是多元、立体的。乔斯坦·贾德以"书信式"的叙事策略和错综婉约的文字雕刻了一种力量，曲折离奇的美妙爱情、博大深沉的父爱传递和刻骨铭心的哲学滋味带给人深呼吸般的通透。在他的橙色殿堂里，我们学会了用智性的眼神审视世界。

（一）纯白：你的温存，我的迷醉

贾德十分成功地构架了一条小说的主轴，带领我们走回到了 20 世纪 70 年代末的一个下午。在电车上，父亲让·奥拉夫撞翻了身穿橙色滑雪衣女孩怀抱的一大袋橙子，他与橙色女孩的爱情故事即此展开了。

花蕊绽放般行进的故事情节神秘而芬芳。橙色女孩两次出现在他面前时为什么总是抱着一大袋橙子？她为什么需要这么多的橙子？在咖啡屋里她为什么"将右手放进我手里"而后又"猛然松开我的手。在她转身之际，她的眼里泪光点点"？她为什么和让·奥拉夫约定必须半年才能见面？一个个美妙的谜团温柔地萦绕着，吸引着我们一步步深入感知。而让·奥拉夫为之萌生的奇异想象，更给整个故事添加了迷幻的色彩：他想"也许她想为一次有上百人参加的聚会做一个大型的橙子布丁。"但"或许她是一个能够预知未来的人。否则，她为什么看见我这样一个素昧平生的男子,就止不住泪如泉涌呢？""也许她来自另外一个世界，她必须暂时回到那里待上半年，然后才可以回到我们这里，并在我们当中定居？"故事在谜团—想象—解释中盘旋推进，它拥有爱情甜蜜、神奇、隐约的特质，又充满好奇和探寻，阅读的快感在扑朔迷离中步步提升。

故事和现今的年轻人在心灵上有许多的契合点，一样有唯美的理想，对美好事物充满了无限憧憬与渴求。"她温暖地微笑着，而这种微笑啊，乔治，它能将整个世界都融化。"一样有纤细、敏锐的情感。"她没有回答，只是紧紧地、温柔地握着我的手。我们仿佛失去了重量，在太空漂游。"

贾德更试图回归一个童话般的世界。"我在想啊，我们曾经是两只勇敢的小松鼠，……她特别喜欢跟我捉迷藏。为了找到她，每次我都不得不在林子里上蹿下跳地搜寻。"文字的描述仿佛儿时动画片场景的撩拨，让我们心生荡漾。对作者来说，这无疑是伸展某个触角的必然进阶，他因此而循序渐进地教会我们发现爱的真谛，包括唤醒所有已经成熟和未来得及长大成熟的心智。

（二）红色：山的凝重，海的宽厚

父爱是一份沉甸甸的感动，它总是会催生我们心底最厚重的温暖，然后慢慢弥散、蔓延。

让·奥拉夫是一位伟大的父亲，他很爱很爱自己的儿子，当得知自己病魔缠身将离开人世的时候，他有许多心里话想对儿子讲，可儿子太小了，不可能理解那么多，为了让他能在成长的过程中面对生活至初的思考，父亲在信里给儿子讲述了自己的爱情，讲述了对宇宙的迷惑，对"哈勃"望远镜的关心，讲述自己对乔治和他母亲（橙色女孩）的牵挂和不舍。父亲把自己心中无限的爱以及对人生的诸多感悟，在生命的最后时间里写进了一封信里。他相信，儿子肯定会在有一天，在那最合适、最需要的时刻看到他的信。

此刻乔治十五岁，对人生、对生活、对感情有着迷离的观望，父亲似乎早就预见到了这一点，在信里用了很大的篇幅渲染铺排了自己和橙色女孩（乔治的妈妈）的爱情故事，在那充满爱意和温情的探讨里，他希望乔治明白，一个生命的存在是怎样的一个奇迹，谁都有可能改变这个现实，如果在这个故事里的任何一个可能变成了不可能，那么乔治将不再存在，这是生命的大问题。他想告诉儿子，既然是有那么多的神奇与偶然因素缔结了一个生命，一切都在不可逆转地发展着，那作为个体的我们就必须好好地珍视生命，视一种"世界规则"为"无规则"，超脱地看待生存，深刻地认识人生，创造并学会享受生活的精彩和甜美。

父亲以其独特的方式给儿子补上了重要的一课。在乔治读完信以后，他突然觉得自己成熟了，他开始独立思考生和死的问题："在我的生命中，我头一次确切地知道了我也将离开这个世界，并且失去一切。……是我的父亲令我睁开双眼，洞悉了这一切。"乔治开始珍惜自我存在，爱惜生活。

父亲的信同时教会了儿子重新看待周围的人与事物，和善地面对继父，鼓起勇气把握自己萌动的爱情，开始选择自己的生活道路。因为他忽然明白了：相对于浩瀚的宇宙，人类的历史极其短暂，一个人的一生更是微渺不可见，而且还没有任何力量可以扭转这一现实，当心灵触摸到"残酷"时，乔治在父亲给自己调酿的一杯关于人生、爱情、生存、死亡的鸡尾酒里，清晰地品啜到了一层叫"答案"的味道。

让·奥拉夫知道爱未必可以分秒不离的照顾，但他相信爱能够有它更自由的方式眷顾被爱的亲人，它可以穿越时空，它可以在身后重建秩序。"我之所以会流泪，只不过是由于我已明白，也许很快我将不得不离开你和橙色女孩"，"……就在泪水模糊我双眼的那一瞬间，我决定要给你写这封长信"。伟大的父亲做到了，这份弥足珍贵的父爱跨时空地保留了下来，带着呼吸的温度，自由地起落在儿子的人生状态上。站在成长的起点上，爱充满了自足的张力。

（三）黄色：高贵的守望，精神的领航

"时间。乔治，什么是时间？"贾德在书中多次发问，作者也正是怀着这样一种哲学的思辨，开始他的小说创作。我们的精神周而复始地回环在无数个恒久命题之中，诸如宇宙、生死……然后苦苦找寻答案。贾德就在这个时候，用文学叙事的柔美，精致地包裹起了哲学智慧的内核。《橙色女孩》就像一枚晶莹透亮的千年琥珀，在美丽的晃动中化解了哲学的繁复，以一种新鲜的姿势，引领我们思考最初和最终的问题。

它诚恳、真挚地带领我们感受生活，整合生命。橙色女孩对让·奥拉夫说："生活中，我们有时必须学会等待，在等待中有所思念。"生活中生命的力度、灵性正用贾德的方式带给我们应有的启悟。

它让我们学会审视生活、聆听生命的意义。"也许我们可以说，生活中确实存在某种醍醐灌顶似的'顿悟体验'。'顿悟体验'任何时候来临，都绝不算迟。然而可惜的是，许多人活了一辈子，却没有意识到他们悬浮在虚空之中。其实，世上还有许许多多的东西，它们能令人获得重量感。对此，只需要想一想我们的处境，这就够了。"这种平实中的深刻，不是人人都能做到的。

它在深入骨髓的精辟中，连接了心灵的因果。"人是什么呢，乔治？人的价值有多大呢？难道我们只是尘埃，它起起落落、随风消逝？"，"把生命赠予一个孩子，并不只是意味着把这个精彩的世界作为一份厚礼送给了他，而且还意味着

也必将从他手里夺走这份难以想象的馈赠"。

它更用宇宙的博大帮助我们完成了人类虚幻和真实的坚实对接。"宇宙，这是怎样的一个'冒险'啊！对我们人类而言，人的一生只能算是宇宙中短短的一瞬间。也许将来的太空望远镜能够帮助人类获得更多关于这一'冒险'的知识；或许在那些更加遥远的星系背后，正隐藏着'人是什么？'这个问题的答案。"

贾德在《橙色女孩》这部小说中，始终站在关于生命与存在的思考点上，穿透生存与死亡，划破时间与空间，召唤每个人内心深处对生命的感叹，对人生终极意义的关怀和探求，我们由此感受到了一个智者的心声，领略到了充满激越而又挥洒自如的涅槃状态。

小说就在爱情、亲情中深入浅出地融入哲学思辨和心智启蒙，引领我们"以一种'可爱的方式'思考许多人类永远必须考虑的问题"。满足了这个时代年轻一代长远、根本的精神需要，这也是这部作品获得巨大成功的主要原因。

情感里流泻下一缕阳光

掩住眼睛

在最美的风景里品读一种永恒……

记住这种感觉，因为它是《橙色女孩》书写哲学的一种姿态。

简评

作者以两首原创小诗作为开篇和结尾，又以"纯白：你的温存，我的迷醉""红色：山的凝重，海的宽厚""黄色：高贵的守望，精神的领航"三个小标题谋思、架构文章，来表达人间的一缕白——纯澈、宁静的美妙爱情，从太阳深处滤一层红——凝重、真切的至浓父爱，撷一丝黄——追寻精神寄托，守望高贵哲学。文笔细腻，清新唯美，实为佳作。

第五讲

"在馆书评人"与分类读物推广

第一节 国内外分类阅读概述

阅读包括阅读的主体——阅读者，阅读的客体——各类读物，以及阅读行为三个方面。与侧重于对阅读者进行分类的分众阅读相对应，分类阅读侧重于对读物进行分类。

在当今互联网时代，科技的迅速发展和信息资源的爆炸式增长，不仅使普通读者在面临浩如烟海、良莠不齐的读物时存在选择困难，即便是专家、学者，对于自己所从事的学科、专业，也难以迅速、全面地掌握其现状和最新动态。这就从客观上需要专门从事信息管理的专家，依据各类信息资源的特性，对其进行搜集、整合、类分、筛选的工作；在此基础上，为不同种类的读物寻找适宜的读者群体，方便他们做出阅读选择，并根据读物特性采取恰当的阅读方法和阅读策略，从而提高阅读效率和阅读的系统性，提升图书馆的阅读推广成效。

分类阅读的本质就是读物分类阅读，所以要探讨国际、国内的分类阅读概况，就归结到了解国际、国内主要的读物分类方法，以及人们在阅读过程中对这些读物分类的应用程度上。

在当今信息时代，我们的读物种类已经非常多样。根据分类的惯例，主要有按外在形态分类和按内容结构分类两种方式。就外在形态而言，按基本类型可分为图书、期刊、报纸、论文等；按载体形态可分为印刷型、微缩型、视听型、光盘型，以及存在于网络上的非实体型等。就内容特征而言，主要有学科分类法和主题分类法，还可根据读物内容的题材、体裁、风格、流派、时代、地域、作者等，进一步细分。

一般而言，读物的外在形态差异是显而易见的，因此，按照内容特征进行分类，对广大读者的寻找、选择和阅读行为更有指导意义。下面就概要介绍国际、国内主要的按照读物内容特征所进行的分类，以及大众阅读对这些读物分类的应用情况。

1. 按学科分类读物和学科馆员

学科分类法是以知识分类为基础的一种分类法，一般是根据学科发展的现状，依据各学科研究的方法和对象之间的关系而建立。很多国家都根据学科管理和研究的需要建立了自己的学科分类体系，并在此基础上构建起分类法的基本框架。国际上著名的《杜威十进分类法》（*Dewey Decimal Classification*，DC/DDC，美国使用），欧洲各国使用的《国际十进分类法》（*Universal Decimal Classification*，UDC），我国使用的《中国图书馆分类法》（*Chinese Library Classification*，CLC），都是如此。表 5-1 列举了这三种分类法中的基本大类，以供参考。

表 5-1　三种国际著名分类法基本大类一览表

《中国图书馆分类法》	《杜威十进分类法》	《国际十进分类法》
A 马克思列宁主义、毛泽东思想、邓小平理论	000 计算机科学、信息、综合性著作 100 哲学与心理学	0 总论 1 哲学、心理学
B 哲学、宗教		
C 社会科学总论	200 宗教	2 宗教、神学
D 政治、法律	300 社会科学	3 社会科学
E 军事	400 语言学	4 语言、文字学
F 经济	500 纯粹科学	5 自然科学
G 文化、科学、教育、体育	600 技术科学	6 应用科学
H 语言、文字	700 艺术与娱乐	7 艺术、娱乐、体育
I 文学	800 文学	8 文学
J 艺术	900 历史与地理	9 历史、地理

续表

《中国图书馆分类法》	《杜威十进分类法》	《国际十进分类法》
K 历史、地理		
N 自然科学总论		
O 数理科学和化学		
P 天文学、地球科学		
Q 生物科学		
R 医药、卫生		
S 农业科学		
T 工业技术		
U 交通运输		
V 航空、航天		
X 环境科学、安全科学		
Z 综合性图书		

由表 5-1 可知，这三种分类法虽然在基本大类的设置上有详略、组配等方面的具体差异，但本质上都是对科学分类体系的深化（科学分类体系是人们根据对科学之间整体关系的认识建立的体系）。这些以学科为基础的分类法作为传统的信息资源分类方式，广泛应用于国际、国内的图书馆等信息机构，进行资源组织、排架、检索等；也为很多实体和网络书店、书目网站所引用，作为多样化的信息资源组织和检索方式中的一种。可见，学科分类法是对种类繁多的读物进行分类的一种重要方式。

与读物的学科分类相对应，学科馆员应运而生。学科馆员是指具有某一学科领域专业知识背景的研究型、实用型资深图书馆馆员。他们通常了解甚至精通某一个或几个学科，并为该学科的用户提供相关的信息服务。通俗地说，学科馆员专门为从事不同学科的研究或对不同学科感兴趣的读者提供对口的、优化的阅读指导。学科馆员制度最早出现在美国等一些欧美国家的研究型大学图书馆，在国外已经实施多年。1981 年，美国的卡内基梅隆大学图书馆率先推出"跟踪服务"（Track Service），开启了美国学科馆员服务之先河。

与国外相比，我国的学科馆员制度起步较晚。我国港台地区的高校图书馆在20 世纪 80 年代后期开始实施学科馆员制度，普遍设有学科馆员岗位，由资深的图书馆馆员担任。大陆方面，则是从 20 世纪 80 年代末开始出现相关研究，直到 1998 年，清华大学图书馆率先推行学科馆员制度。在随后的四五年内，引发了一波重点高校（先后有西南交通大学、北京大学、中国地质大学、武汉大学、南开大学等）的追随，至此，学科馆员制度才正式从理论走向了实践的阶段。近年来，随着信息化、网络化的发展，学科馆员制度已经成为图书馆转型发展的必然，国内大多数高校图书馆也都开始（试）运行这一制度。但是，因为多种因素的影响，国内外学科馆员制度的发展程度存在较大差距。

首先，从对学科馆员的素质要求来说，国外大学图书馆的学科馆员不仅要求掌握图书情报专业知识，还要有具体学科的研究经历，以及良好的沟通协作和网络技术应用能力。而国内图书馆由于长期遗留下来的人员安置问题，必然难以达到国外的高标准，但我们也正在努力进步。近几年，国内大学图书馆的人员结构正逐步向年轻化、知识化、专业化过渡，引进了大量从高校毕业的本科生、研究生，这些高素质人才较好地掌握了图书情报专业知识和网络技术能力，有的还具有其他学科背景，堪为我国学科馆员的发展提供人才储备。

其次，就学科馆员的工作职责来说，国外很早就形成了较为规范、统一的界定，将其界定为专业参考帮助和学科联络两大方面。其中专业参考帮助包括：数据库检索、用户教育、用户学科信息资源导航、馆藏建设的咨询和指导等。学科联络则是负责图书馆与对口学科用户之间的各种联系，例如了解学科用户的信息需求，采集他们对图书馆信息资源建设的意见或建议等。而在国内，学科馆员的工作职责没有形成较为规范、统一的界定，其具体工作职责主要取决于所在图书馆的性质和层次。

再次，就学科馆员的工作待遇来说，国内外也有很大差异。在国外，图书馆馆员本来就是社会地位高的上层人士，学科馆员更是馆员中的精英，社会地位和待遇都相当好。而在国内，由于学科馆员制度尚在摸索阶段，从业人员的素质有待提高，再加上传统分配模式的影响，学科馆员的待遇不甚理想。

2. 按主题分类读物和主题阅读

主题法是另外一种从内容角度类分信息资源的方法。"主题"一词，在不同的情境中有不同的解释，这里的"主题"，主要指读物论述的主题对象，包括事物、问题、现象等。

按主题分类时，主题词的选词方式主要有标题法（采用经过词汇控制、预先确定组配方式的词表中的标题词作为读物的主题标识）和叙词法（用受控的语词通过概念组配作为读物的主题标识）；相对应地，形成的主题词表也主要是标题表和叙词表。国内外影响较大、使用较广的主题词表有《美国国会标题表》（LCSH）、《汉语主题词表》《中国分类主题词表》等。

较之学科分类法，主题分类读物更为直观。前者由于受到学科体系的限制，会把从不同学科角度研究同一对象的读物分散在不同的学科门类下，后者则是直接从论述的主题对象揭示读物。以研究瓷器的读物为例，在学科分类法中，研究瓷器的制作方法、瓷器的历史渊源、瓷器的经济贸易、瓷器的审美价值等方面的读物一般会按照学科，分别归入工业技术、历史、经济、艺术等不同的类别；而在主题分类法中，则都归为以"瓷器"为主体的读物。但是，主题分类法对不同主题之间关系的揭示程度不如学科分类法，因此正好与学科分类法优劣互补。

与按主题分类读物相对应，主题阅读就是按主题阅读读物的阅读方法。在这种阅读方式中，读者循着自己的阅读兴趣或研究需要，对论述同一类主题的读物进行集中、递进式的阅读，在这个过程中加深对这一主题的了解和理解，以增强阅读的系统性和深入性。但是，要开展主题阅读，首先需要解决的问题就是：你要知道你需要读哪些书、可以读哪些书。这是进行主题阅读的第一步。

主题工具书（Syntopicon）就是解决这一问题的一种工具书。它能客观地告诉你，在读物的海洋中，到哪里去寻找你感兴趣的主题读物，甚至精细到章节。除此之外，现在国内外图书馆界、出版发行界、大众传媒界都热衷于编制、发布种类繁多的主题书单，也极大方便了读者根据自身需要开展主题阅读。这些书单与学科馆员的学科专业阅读指导互为补充。由此可见，当今主题阅读是一种比较流行的阅读方式。

比较著名的主题工具书，如《西方世界的经典名著》（*Great Books of the Western World*）出版于 1940 年，包含三千个话题或主题，然后就每一个主题给出了相关的参考资料。这套工具书也有不足之处：虽然它是一套庞大的工具书，但不可能包含齐全的资料，而且它本质上仍是一套书目索引，只能给读者以比较粗略的指引。但它指导主题阅读的作用不可小觑：不论你要做哪一类主题阅读，基本上都可以从书中知道从何处下手；而且书中推荐阅读的都是经典，是经历了时间淘洗的"真金"，很值得我们去阅读。

3.其他读物分类和相应的阅读方式

除了以上提及的两种主要的读物分类方式以外，还有读物主题、题材、体裁、风格、流派、地域、时代、作者等多种细分方式，下面一一简单介绍。

（1）按读物主题分类

注意，这里的"主题"与上一节中"主题"的含义有所不同。这里的"主题"是指作者通过对现实的观察、体验、分析、研究以及对材料的处理、提炼而得出的思想结晶。它既包含所反映的现实生活本身所蕴含的客观意义，又集中体现了作者对客观事物的主观认识、理解和评价。如表达思乡主题的、表达年轻人要勇于拼搏奋斗主题的、歌颂爱情美好真挚主题的、反思婚姻制度不合理主题的……

（2）按读物题材分类

题材，是指为表现作品主题所用的材料。广义的题材，指文艺作品所反映的社会生活的某些领域、某些方面。题材可大可小，常见的如城市题材、农村题材、军旅题材、历史题材、学校题材、女性题材等；狭义的题材是指构成一部"叙事性"文艺作品的内容材料，一般由人物、环境、情节三要素组成。如国内近几年明史研究备受关注，随之出现了一些比较优秀的著作，也出现了很多专门推荐研究明史的书单。

（3）按读物体裁分类

体裁，指一切文艺作品的种类和样式，其艺术结构在历史上具有某种稳定的形式，而且这种形式是随着艺术反映现实的多样性以及艺术家在作品中所提出的审美任务而产生、发展起来的。以文学为例，常见的文学体裁有诗歌、小说、戏剧、散文等。

（4）按读物风格分类

风格，指艺术作品在整体上（内容与形式的统一）呈现的有代表性的面貌。它是由艺术家的个性特征（主观因素）与由作品的题材、体裁以及社会、时代等历史条件决定的客观特征（客观因素）相统一而形成的。主观上，艺术家由于各自的生活经历、思想观念、艺术素养、情感倾向、个性特征、审美理想不同，必然会在艺术创作中自觉或不自觉地形成区别于其他艺术家的各种具有相对稳定性和显著特征的创作个性。南北朝时期的文学批评家刘勰在《文心雕龙·体性篇》中有云："才有庸俊，气有刚柔，学有浅深，习有雅郑，并情性所铄，陶染所凝，是以笔区云谲，文苑波诡者矣"，就是讲造成不同艺术风格的主观条件。

由于风格的形成受多种因素的影响，所以文艺创作风格千差万别。刘勰曾把风格分为典雅、远奥、精约、显附、繁缛、壮丽、新奇、轻靡八类。晚唐诗人、诗论家司空图在他的诗论专著《二十四诗品》中，则把诗歌的艺术风格分为雄浑、冲淡、纤秾、沉着、高古、典雅、洗炼、劲健、绮丽、自然、含蓄、豪放、精神、缜密、疏野、清奇、委曲、实境、悲慨、形容、超诣、飘逸、旷达、流动二十四类。但是从理论上说，风格的差异应该是无限的。

除此之外，还有时代风格和民族风格的概念。时代风格是某一民族、地域范围在一个历史时期的文艺创作所表现出来的共同特点，表现了历史发展的阶段性；民族风格是每个民族在文学上所表现出来的与其他民族文学相区别的特点，从一个民族的范围来说，更多表现为相对稳定性的一面。但是，无论是民族风格，还是时代风格，归根结底，都要由这个民族、时代的代表作家的个人风格来体现。

（5）按读物流派分类

流派，是指在学术、文艺等领域，一定历史时期内出现的一批作家，由于审美观点和创作风格类似，自觉或不自觉地形成有独特风格的派别。通常是有一定数量和代表人物的作家群。例如在中国文学史上，比较著名的派别有：以王维、孟浩然为代表的田园诗派；以高适、岑参为代表的边塞诗派；以温庭筠、皇甫松为代表的花间派；以苏轼、辛弃疾为代表的豪放派；以柳永、李清照为代表的婉约派；以"竹林七贤（魏晋）""香山九老（唐代）"为代表的闲逸派；以方苞、刘大櫆为代表的桐城派；以徐枕亚、张恨水等为代表的专写才子佳人的鸳鸯蝴蝶派。亚洲现当代文学史上则有以闻一多、徐志摩为代表的新月诗派；以孙犁、刘绍棠为代表的荷花淀派；以卢新华、冯骥才为代表的伤痕文学派；以杨炼、王安忆为代表的寻根文学派；以王朔、石康为代表的"痞子"文学派；以芥川龙之介、菊池宽为代表的新思潮派；以横光利一、施蛰存为代表的新感觉派；以武者小路实笃、有岛武郎为代表的白桦派；以川端康成为代表的新兴艺术派；以韩寒、痞子蔡为代表的青春偶像派。

西方文学流派也有很多，仅20世纪以来比较出名的就有：以庞德、叶芝为代表的象征主义流派；以卡夫卡、奥尼尔为代表的表现主义流派；以乔伊斯、伍尔芙为代表的意识流流派；以马里内蒂、马雅可夫斯基为代表的未来主义流派；以布勒东、艾吕雅为代表的超现实主义流派；以查拉、布勒东为代表的达达主义流派；以萨特、加缪为代表的存在主义文学流派；以尤金·尤奈斯库、马丁·艾思琳为代表的荒诞派戏剧；以克洛德·西蒙为代表的新小说派；以费里德曼、约瑟夫·海勒为代表的黑色幽默派；以马尔克斯为代表的魔幻现实主义流派；以金斯堡为代表的垮掉的一代等。

（6）其他分类方式

除此之外，还有按时代、地域和具体作者分类读物的方式。按时代类分读物的例子，如"'文革'文学"；按地域类分读物的例子，如常熟的"虞山派"；按具体作者分类读物的，如近几年的"莫言热"，也出现了一些专门推荐莫言作品的书单、文章等。

第二节　书评的分类、写作与分类阅读

众所周知，优秀的书评能够良性地指引、促进和深化阅读，在此不赘述。要谈书评与分类阅读之间的紧密联系，则必须从书评的分类谈起。

书评也有多种分类。从书评的形式着眼，可以按照书评所涉及的范围，分为专书书评和综合书评两大类。前者针对一本书进行评判，也就是我们最常见的专书书评；后者则是综合评论多书的书评，这类书评往往与分类阅读有着千丝万缕的联系。为什么这么说呢？我们知道，专书书评的优势在于评论目标单一，论题也比较集中，因此易于展开深入的评论。而且，阅读专书书评的读者，大多是也读过这本书或打算阅读这本书的人，针对性较强，容易获得读者认同。但是专书书评也有局限：只着眼于一本书，如果书评者的功力不足，就容易拘于一隅，"只见树木不见森林"。

而综合书评，往往是作者选择了几本书之间某几个共有的关联点进行评论。这些共有的关联点，可能是题材，可能是主题，可能是艺术特色，可能是作者，可能是时代，可能是地域……它们构成了这几本书之间的共有属性。因此，在某些方面（哪怕是很微小的方面），这些书可划为一类。只要读者的阅读需求契合了这些方面，那么这些书评就为分类阅读创造了便利条件。除此之外，综合书评的读者，更多是对书评者评论的着眼点感兴趣，或者是对所论之书中的若干本感兴趣，或者是已经阅读过所论之书中的若干本，这样的读者群体和阅读需求正契合拓展分类阅读的要义。

下面介绍几种主要的综合性书评及其写作时需要注意的地方。

1. 一定时间内的出版物的书评

这类书评评论的，往往是在一个年度内出版的读物，如年度新书评论、年度好书综评等。但也可能是季度、月度出版物的综评，还有可能是某个特定时间段出版物的综评。例如文艺复兴时期欧洲小说创作综评、新文化运动时期的文学创作综评……

在写作这类书评时，除了要对所评时间范围内的读物做横向的考察、比较，分析不同书作之间的高下长短，往往还要综合评介这一时间范围内读物的总体情况，甚至将这种总体情况与其他时间范围内的情形做纵向的考察、比较，以探索不同时期读物属性的发展变化。

2. 一定空间内的出版物的书评

这类书评评论的是一定空间范围内出版的读物，可以以一国、一省、一定地区，或者某家出版社为范围。这类书评经常结合"按一定时间评论"，或者后面将要叙述的第三、四类综合来评。如"广西师范大学出版社创社以来优秀读物综评""2016年中国大陆地区新书综评"都可划入这类综合书评。

与评论一定时间内出版物的写作要求类似，在写作这类书评时，既要对所评空间范围内的读物做横向的考察、比较，分析不同书作之间的高下长短，还要综合评介这一空间范围内读物的总体情况，甚至将这种总体情况与其他空间范围内的情形做综合的考察、比较，以探索不同空间范围内读物属性的发展变化。

3.专类书、丛书书评

专类书书评所评的是某一类的书，如评论医学书籍、绘本书籍等；而丛书书评所评的是一部丛书或几部丛书，如"中学生文库"综评、"中国思想家评传"系列丛书书评等。一般来说，专类书和丛书中，书与书之间的共性会比较大，更具可比性。

4.专题书评

专题书评的特点在于，它往往不是全面评论诸书，而是只抓住某个问题进行评论。这个特点，一方面决定了专题书评对书的评论不够全面；另一方面，正因为它只抓住某一点或两点进行评论、分析、比较，反而比其他形式的综合书评更能深入地探讨问题，这使得专题书评往往具有更强的学术性。

以上列举的四种，需要格外注意的是对一定时间和一定空间内出版物的书评。虽然其时间、空间范围是可以根据书评者的写作意图灵活选取的，但也应控制在一个合适的范围内，不宜太大，也不宜太小，最好能使书评既有广度又有深度。如果大到散漫无际，那么所评之书的共性必然很小，彼此间的可比性也会很小，探讨就会难以深入；如果小到仅仅包含一两本书，又未免视野狭窄，不能凸显出综合书评"既见树木又见森林"的优势。

另外，以上列举的只是概括划分出来的四类综合书评。类似于读物有多种多样的分类方式，综合书评也有多种多样的分类方式，如综合评论同一作者多本著作的书评、综合评论同一流派内部若干作者的著作的书评等。而且，各种综合书评之间也并非泾渭分明，往往是相互交叉的。

第三节 "在馆书评人"如何分类推广读物

在职业化书评和商业化书评乱象迭出、大众呼唤建立独立书评制度的当下，

"馆员书评"成为独立书评人队伍中正在崛起的、很具潜力的人群。那么如何做一名合格乃至优秀的"在馆书评人"，在推进广大读者的分类阅读中发挥自己的聪明才智呢？

第一，提升自身综合素质。民国时期的图书馆学家陈独醒在《应该怎样做今日的图书馆员》中谈到，图书馆馆员需具备两方面的素养：品性与学识。品性，是指图书馆馆员的精神和态度，用和善谦逊的态度与广大读者友好讨论，而不以指导者自居。学识，是指图书馆馆员要具备与阅读指导相关学科、领域的知识。例如教育学、图书馆学、心理学、民众心理学等方面。南京大学徐雁教授也指出，爱读书、善做书评，是从"服务型馆员"向"学习型馆员"转型升级的人文素养，也是走向"研究型馆员"的重要路径。这需要图书馆馆员强烈的自律与自我要求，不断充实自己的学养，提高综合素质，做一名"腹有诗书气自华"的新型图书馆馆员。

第二，认清并且贯彻"馆员书评"的"立场"。与书业书评"大众导购"的出发点不同，"馆员书评"站在传播知识的出发点，从事一种面向公众的公益性、义务性的阅读指导和读物推广活动。"馆员书评"的终极关怀是图书馆馆藏的好书佳作、名著经典是否能够及时地被读者所关注、利用，它体现的是"为书找人，为人找书"的图书馆存在价值和服务理念。

"馆员书评"的这种立场决定了它绝对不能像很多书业书评那样"王婆卖瓜、自卖自夸"，通过夸张内涵和煽情媚俗来博人眼球，也不宜像很多学术性书评那样专业、高深。"馆员书评"面向的既然是普通大众，就应该本着"从读者中来，到读者中去"的原则，贴近广大读者的实际需求，将馆员的所感所想真实表达出来，传播给大众，作为解释图书、了解图书的工具，引导大众阅读好书佳作。

基于这些理念，"在馆书评人"在书评写作中最好养成开门见山、言简意赅的行文习惯，以便读者依据各自的阅读需求，选择借阅被评价、被推介的读物，实现"好书人人读、佳作天天看"的公益性目的。

第三，结合自身优势和兴趣点，培养优势书评领域。由于每个人的时间、精力有限，图书馆员不可能对每个领域都非常了解，因此，在写作书评的过程中，要善于思考，善于发挥自己的优势。例如，新书的被关注度一般较高，因此图书馆馆员应该尤其关注那些新近好书，积极为其撰写书评。除此之外，按照自己的学科特长或兴趣点，培养、拓展自己擅长的书评领域，也是长远发展自己书评优势的好办法。要做到这一点，就要求图书馆馆员在大量阅读的基础上，构建起自己完整系统的知识结构和知识领域，再以书评的形式将自己的阅读与知识输出，集中于书评，与读者一起学习、成长。

第四，拓展多样化的书评发布、传播渠道。"馆员书评"的一大优势就是可以依托图书馆多样化的书评发布渠道以及图书馆与广大读者之间的密切联系，将书评推送给广大读者。在信息化时代，信息传播渠道的便利性和多样化程度，对信息传播效果的影响巨大。因此，图书馆不仅应该重视、鼓励馆员写作"馆员书评"，也应该重视拓展多样化的书评发布和传播渠道。

目前来看，在线上线下推送馆刊，是图书馆"馆员书评"发布、传播最常用的渠道。例如前文所提到的，杭州图书馆将馆员书评刊登在杭州图书馆网站的《心随阅动》栏目上，在线推广；大连图书馆则在2013年出版的《大图》第四期上专门开设《书台品藻》书评栏目，为"馆员书评"提供平台[①]。另外，苏州图书馆的《今日阅读》、温州市图书馆的《温州读书报》、金陵图书馆的《阅微》、太仓图书馆的《尔雅》、江阴图书馆的《读读书》、佛山市图书馆的《书虫》等馆办刊物，亦是"馆员书评"较为集中的发布平台。除了图书馆的馆刊平台之外，图书馆行业报纸《图书馆报》也在努力推动"馆员书评"的发展。例如2011年3月《图书馆报》推出的《书评专刊》，即为专门的"馆员书评"发表园地。

第五，创新思想、积极行动，将分类阅读推广落实到多样化的分类阅读推广活动中去。所谓分类阅读推广，就是把经一代又一代馆员收藏的旧书佳作、新版好书、经典名著、乡土和地方文献等，根据文本写作、审美鉴赏和阅读接受的特点，多视角、多方式、多层次地推介给读者，以发挥其社会文化效益和精神文明功用。

作为图书馆馆员的"在馆书评人"，应该把分类阅读的指导思想落实到写作书评的实践中去。可以举办"馆员书评"征集、汇编活动，将优秀的"馆员书评"分类集中起来，以拓展其影响力。如前文所提到的，中国图书馆学会阅读推广委

---

① 吕健."馆员书评"：新阅读时代阅读推广的有效助推器——大连图书馆"馆员书评"实证研究［J］.图书馆工作与研究，2014（7）：91—93

员会图书评论与阅读推广专业委员会联合多家图书馆、报刊等相关机构,组织"馆员书评"征集活动,汇编了"馆员书评"集锦《书读义见:图书馆员书评佳作选》,并将其中的馆员书评按读物类型分为《儿童与亲子读物》《文学读物》《传记与人文读物》《综合读物》四辑,正是将分类阅读思想融入馆员书评实践、利于馆员书评更好地发挥影响作用,从而进一步促进阅读推广的优良案例。

除此之外,图书馆馆员还可以开动脑筋,积极组织开展个性化的阅读推广活动,如主题读书会、主题读书沙龙、主题书展、专题讲座,开列主题书单等,在这些活动中巧妙地融入分类阅读的思想,使其成为分类阅读推广的载体。下面,笔者着重列举几种近年来较受重视的分类阅读方向,供广大"在馆书评人"在开展活动时参考。

1. 传记类读物:"阅读名人传,汲取正能量"

这是南京大学徐雁教授提出的分类阅读主题之一。"忘记过去就意味着背叛",徐雁教授认为,阅读优秀的名人传记,可以使我们从中"求取智者真经,导航现世人生",从而了解人类社会的真相,把握历史发展的脉络,学习应对人生挫折的智慧。

20 世纪 20 年代,"五四"新文化运动的思想解放潮流促成一批具有鲜明的个性的新型知识女性出现,她们中很多人留下了传记或回忆录作品。徐雁教授认为,这其中的好书佳作仍可以为今日女性的自强之路提供宝贵指引,因此,他从雁斋藏书中遴选出三十八种可读性比较强的女性传记、回忆录,编为"提升'女生悟性'的三十八种中国知识女性自传类读物书目",具体书单如表 5-2。

表 5-2 提升"女生悟性"的三十八种中国知识女性自传类读物书目

序号	书目
1	杨步伟回忆录《杂记赵家》
2	苏雪林《苏雪林自传》
3	毛彦文回忆录《往事》
4	任桐君《一个女教师的自述》
5	蒋碧微《我与悲鸿:蒋碧微回忆录》
6	董竹君回忆录《我的一个世纪》
7	冰心《冰心自传》

续表

序号	书目
8	丁玲《丁玲自传》
9	王映霞《王映霞自传》
10	陈学昭回忆录：《天涯归客》《浮沉杂忆》《如水年华》
11	吴似鸿回忆录《浪迹文坛艺海间》
12	黄慕兰《黄慕兰自传》
13	萧红《萧红自传》
14	杨绛回忆录《我们仨》
15	黄哲渊回忆录《离乱十年》
16	刘德伟回忆录《一粒珍珠的故事》
17	张若冰回忆录《我的岁月我的歌》
18	范小梵回忆录《风雨流亡路：一位知识女性的抗战经历》
19	高诵芬回忆录《山居杂忆》
20	林海音回忆录《城南旧事》
21	罗兰自传"岁月沉沙三部曲"：《蓟运河畔》《苍茫云海》《风雨归舟》
22	苑茵回忆录《往事重温：叶君健和苑茵的人生曲》
23	顾正秋《休恋逝水——顾正秋回忆录》
24	杨静远《让庐日记》
25	李茵回忆录《永州旧事》
26	柳溪回忆录《我的人生苦旅》
27	陈香梅《陈香梅自传》
28	聂华苓回忆录《三生影像》
29	新凤霞回忆录《童年纪事》《艺海博览》《梨园旧影》《人世琐忆》
30	董冰回忆录《老家旧事：李準夫人自述》
31	张珑回忆录《水流云在》
32	杨小燕回忆录《我在中国的十九年》
33	乐黛云回忆录《四院·沙滩·未名湖》
34	於梨华自传《人在旅途》
35	方蕤回忆录《凡生琐记：我与先生王蒙》
36	杨勋回忆录《心路——良知的命运》
37	郁黎民自传《我这一生》
38	张戎《鸿：三代中国女人的故事》

2.游记类读物：倡导大阅读，畅读游记书

除了号召阅读优秀人物传记之外，徐雁教授还倡导"读万卷书，行万里路"的大阅读理念，即"阅读"不仅是阅读书籍，还要"世事洞明皆学问，人情练达即文章"，从现实的社会实践中提升智慧。

我们每个人都在从自己的人生阅历中提取智慧，而观览广阔的大好河山和在这一过程中见证多样化的人情风物，则是丰富自己人生阅历的方法。然而，我们或者因为工作、时间、经历、财力有限，不可能亲自遍览广阔河山，这个时候，阅读游记就是一种间接增长我们这方面见识的好方法了。基于此，徐雁教授提出了"倡导大阅读，畅读游记书"的号召。大众媒体也曾发布过很多这方面的推荐书单，如《三联生活周刊》在 2016 年发布"纸上神游：游记书单"，推荐了英国作家雷德蒙·奥汉伦（Redmond O'Hanlon）的游记作品《再次堕入麻烦》（*In Trouble Again*）和马克·吐温（Mark Twain, 1835—1910）的《傻子出国记》（*The Innocents Abroad*）等多部游记作品。[①]

3.经典类读物：重温经典，品味之选

如今，在读物资源泥沙俱下、良莠不齐的时代，经过历史淘洗而经久不衰的经典读物，已经成为人们阅读选择的重要部分。各种推荐经典读物的书单不胜枚举，阅读出版界、图书馆界等举办的丰富多彩的经典阅读推广计划也为经典读物的分类阅读推广积累了丰富的经验。例如南京大学从 2014 年推出"悦读经典计划"，开列涵盖"文学与艺术""历史与文明""哲学与宗教""经济与社会""自然与生命""全球化与领导力"六个知识单元的书目清单。这些书目清单按照经典性、思想性、知识性、前沿性和可读性的遴选标准，由南京大学广大师生网络投票选出的六十种基本书目和一百多种拓展书目组成。学校将"经典阅读"作为学校通识教育的一种新途径和必要补充，计入必修的通识教育课程学分，并且指派六十位各专业领域杰出青年教师组成"南京大学'悦读经典计划'荣誉导师"团队做支撑，每本经典由一位导师牵头负责组织研读及导读，鼓励学生广泛而深入地阅读经典，拓宽知识视野，贯通古今历史，融会中外文化，改变知识结构只

---

① 读书 | 纸上神游：游记书单［EB/OL］.［2015-9-2］.http：//www.ieooo.com/html/n_3531475.html

限于专业藩篱的状况，从而培养学生的批判性思维，增强社会理解力与洞察力，培育良好阅读习惯，帮助学生在学识、道德和人格等方面得到全面发展。①

4. 疗愈类读物：书方亦可做医方

疗愈类读物近年来颇引人注意，是伴随阅读疗法理论产生的一个概念。目前对这类读物尚无明确的界定，人们大致把那些能够抚慰心灵、辅助身心疾病预防和治疗的读物称作"疗愈类"读物。

人类对阅读对人类身心健康的疗愈作用早有认知。例如国外医护人员或牧师为伤病者朗读《圣经》《古兰经》等以减缓病痛的做法早已有之，中国文献典籍中也经常可以看到通过朗诵佛经来舒缓情绪、抚平心灵创伤的记录。但人类正式将阅读作为一种疗愈身心的治疗手段，始于 19 世纪末 20 世纪初。西方把阅读纳入医疗卫生体系，作为一种辅助的治疗手段进行研究、应用并逐渐推广。在阅读疗法中，读者可以通过向治疗师咨询，或自助式地根据一些疗愈类书单等工具，寻求有利于引导自己身心健康的阅读指南，选择性地进行阅读。

当今社会，随着生活节奏的加快，人们的压力也在增加，很容易产生各种心理和生理问题，许多人处于亚健康或不健康的状态。在这种情形下，阅读疗愈作为一种预防性和辅助性的治疗手段，在人们身心的保健和疗愈方面，有很大的发展空间。因此，"在馆书评人"在撰写书评、组织多样化的阅读推广活动时，不妨增加对疗愈类书籍的关注和推介，充分利用和借鉴现有阅读疗愈方面的理论研究和实践成果，比如已有的疗愈类书单、阅读疗愈实践案例等，开展以阅读疗愈为主题的系列书评写作、主题书展、阅读讲座、读书会、读书沙龙、演讲活动等，从而促进馆员书评和阅读推广活动的多样化发展，在这个过程中也丰富和深化阅读疗愈的实践。

---

① 南大首推"悦读经典计划"将设"悦读通识学分"［EB/OL］.［2015-9-2］.http：//js.people.com.cn/n/2015/0902/c360307-26209737.html

第六讲

"在馆书评人"与分级阅读推广

第一节　西方阅读分级理论及体系

阅读是读者与文本互动建构意义的过程与结果。符合读者"独立阅读水平"的文章，读者容易阅读；"可教学水平"的文章，读者仍可处理但有些挑战；"挫折水平"的文章，则容易导致理解困难。[①]如何为读者挑选适合其能力的阅读素材，一直是阅读学、教育学、心理学、图书馆学、出版学界等关心的重要议题，专家和研究机构进行了大量的阅读分级研究，包括可读性与文本分级研究。

一、西方阅读分级的起源和发展

（一）可读性公式（Readability Formula）

可读性公式是研究文本可读性的重要方法之一，指通过参照词库、分析文本特征等方式建立公式，计算影响文章难易度的类型指标，赋以分值以测评文章可读程度。西方常见的可读性公式有 Flesch-Kincaid Reading Grade Level（Kincaid et al.，1975）、Fry Graph（Fry，1977）、The New Dale-Chall（Chall and Dale，1995）、Degrees of Reading Power（DRP，Touchstone Applied Science Associates，

[①] 陈茹玲，蔡鑫廷，宋曜廷，李宜宪.文本适读性分级架构之建立研究［J］.教育科学研究期刊，2015（1）：1—32

1999）等。

1923 年，美国俄亥俄州立大学教授 Bertha A.Lively 与 Sidney L. Pressey 提出了第一个可读性公式[①]。与这一时期的其他可读性公式一样，该公式主要依据 Thorndike 词表，客观衡量书与其他书写材料的难度层级。20 世纪 30 年代初，由芝加哥大学图书馆学研究生院，即芝加哥学派早期代表人物 Douglas Waples 所引领的成人阅读研究，引发了对成人阅读分级的关注。20 世纪 30—50 年代，这一阶段的可读性公式发展注重更多变量，产生了一些比较知名且沿用至今的可读性公式，如 Flesch Reading Ease（Flesch，1948）、The Dale-Chall Readability Formula（Chall and Dale，1948）和 Gunning FOG（Gunning，1952）等。20 世纪 50 年代开始，可读性公式在争议声中继续发展，一些公式得到更新，基于电脑和自动化的公式发展起来，一直到 20 世纪 90 年代早期，可读性领域研究发展迅猛。20 世纪 90 年代以来，随着越来越多的学科与计算机和信息领域的交叉，自然语言处理技术不断成熟，相应研究成果也被运用到可读性研究中。如采用机器学习技术、引入包括语义和篇章类型的更多变量、以大量文本作为数据库等。研究者总体上对相关技术在实现准确的文本难度量化评估中的作用持审慎的乐观态度[②]。

（二）适读分级（Leveling）

以可读性公式对文章进行量化分析，是常见的文本分级方法。另外，也有些研究者考量影响文本理解的各种因素，据以建构文本适读性分析架构，再以质性方法评估文本适读年级。[③] 适读性研究读者与阅读文本的适配程度，较多地应用于低年级儿童阅读引导领域，在阅读指导方面起到了较为明显的作用。

Harris 和 Hodges 曾将可读性定义为：因文本的写作风格（Style of Writing），影响读者的了解或理解，意即文本的变项、读者的变项以及两者变项的交互作用会影响文本的可读性和被理解程度。导致文本可读性的变项，如形式、字体、内容、文体和风格、字汇难度、句子复杂度、概念的密度、一致性等。读者的变项

---

① Bertha A.Lively，Sidney L.Pressey.A Method for Measuring the "Vocabulary Burden of Textbooks". Educational Administration and Supervision［J］.1923（9）：389—398

② 刘潇 . 文本易读度相关研究综述［J］.湖北大学学报（哲学社会科学版），2015（3）：141—146

③ 陈茹玲、蔡鑫廷、宋曜廷、李宜宪 . 文本适读性分级架构之建立研究［J］.教育科学研究期刊，2015（1）：1—32

包括：动机、先备知识、能力和兴趣等。而文本变项和读者变项的交互作用，则决定了提供个别读者阅读素材的可读性。[①]这里的"可读"，考虑了文本与读者两方面的因素，意义更偏向于"适读"。

新西兰学者玛丽·克莱（Marie M. Clay，1926—2007）是最早提出阅读教学分级体系的学者，但阅读分级理念可以上溯到 1836 年麦加菲（William Holmes McGuffey）研制的被社会广泛应用的分级标准[②]。1979 年，玛丽·克莱创立阅读复得体系（Reading Recovery），主要针对阅读困难儿童个体进行阅读引导和早期干预。1991 年，玛丽·克莱提出，在阅读复得体系的阅读教学中，阅读分级是重要组成部分，文本的特征应是可预测的，具有重复性，符合儿童的天然语言习惯[③]。除此之外，适读性文本分级体系还有 Guided Reading Levels（F&P，1996）、Weaver Leveling（Brenda M.Weaver，2000）等。

从更广的角度来看，还有一些标准、评级：国际阅读水平测试项目，如国际学生评估项目（PISA）的阅读水平描述；分级描述阅读水平表现和要求的课程标准，如美国共同核心州立标准（Common Core State Standards，简称 CCSS）、英国国家课程关键学段（National Curriculum Key Stages）等；用颜色和星级，从内容的纯净和主题等方面对书籍、电影、电视、电子游戏、音乐进行笼统评级的常识媒体（Common Sense Media）。这些标准和评级可以看作广义的阅读分级，分别从各自的角度做了级别规定。

二、西方主要阅读分级体系

（一）Accelerated Reader（读者促进体系，简称 AR）

AR 分级体系由英国云端教育软件公司 Renaissance Learning 公司开发。学生阅读相应级别的文本，通过综合测试，如 The STAR Early Literacy Test 和 The STAR Reading Test 评估阅读水平，依据可读性公式 ATOS（Advantage TASA Open Standard）得出分数，从而设定阅读目标，有针对性地采取措施，提升阅读

---

① 陈海泓.以适读性公式挑选英文读本之探究［J］.教育资料与图书馆学，2012（2）：229—254

② Edward Fry.Readability versus leveling［J］.The Reading Teacher，2002（3）：286—291

③ Barbara J.Guzzetti.Literacy in America［J］.ABC-CLIO，Inc，2002：484

能力。

通过参加 The STAR Early Literacy Test，可以评估学生所处的阅读水平，包括 Emergent Reader（300 分 ~674 分）、Transitional Reader（675 分 ~774 分）、Probable Reader（775 分 ~900 分），其中得到 675 分以上的学生可以参加 The STAR Reading Test。STAR 测试（Standardized Test for the Assessment of Reading）可以评估出学生的阅读水平（Grade Equivalent Score）与相应阅读文本所处的分级（ZPD Level, Zone of Proximal Development）[①]。通过设定目标与奖励机制，学校、图书馆与家长全力配合，提高学生阅读能力，培养终身读者。

ATOS 分值由平均句子长度、平均字长、词汇使用年级、单词数等因素决定，显示的是某个年级的学生可以独立阅读文本的水平。如：AR 3.6，表示美国小学三年级第六个月英文阅读等同水平。"0" 是最低，"12.9" 是最高。AR 分级和蓝思分级都是能到达 12 年级阅读水平的分级体系。

Renaissance Learning 公司开发了 AR BookFinder 网站，供学生、家长、教师和图书馆馆员查找书目，也开发了 APP 供手机下载使用。

（二）Lexile Measure（莱克赛尔体系，又名蓝思阅读测评体系）

蓝思阅读测评体系是美国阅读学会、美国北卡罗来纳大学、美国杜克大学及其他多所儿童语言发展研究领域的杰出教授主导，上万名学生及老师配合参与的研究实验计划，经过数十年时间研究开发出来的。1994 年起，蓝思阅读测评体系由美国 Metametrics 教育公司受美国国立卫生研究院（National Institute of Health）资助运作，已成为美国应用最广泛的阅读分级系统。

蓝思阅读测评体系从读物难度和读者阅读能力两个方面进行衡量，使用的是同一度量标尺，因此读者可以根据自己的阅读能力，选择适合自己的读物。这是蓝思体系的突出特点。和大多可读性公式一样，蓝思阅读测评体系考虑语义难度和语法复杂度，以词汇频率和句子长度加以衡量。Lexile 是衡量读者阅读水平和标识出版物难易程度时使用的单位，读懂一本初级低幼读物与读懂一本百科全书之间差距的千分之一被定义为 1 个 Lexile。蓝思阅读测评体系使用数字加字母 L

---

① Accelerated Reader® 101 for Parents［EB/OL］.［2016-09-02］.http：//www.mooreschools.com/cms/lib/OK01000367/Centricity/Domain/125/Accelerated%20Reader%20101%20for%20Parents.pdf

（Lexile）作为衡量难度的度量标尺，一般以"0L~1600L"以上来表示难度范围，数字越小表示读物难度越低或读者阅读能力越低，反之则表示读物难度越高或读者阅读能力越高。同时，根据图书特点，在级别前标注特殊符号，这些符号如下：AD（Adult Directed，家长指导书籍）、NC（Non-Conforming，非常规书籍）、HL（High-Low，趣味性高但难度低的书籍）、IG（Illustrated Guide，图释，一般是百科全书）、GN（Graphic Novel，连环画或漫画）、BR（Beginning Reading，初级读物）、NP（Non-Prose，非散文性文章，如诗歌、歌词或者菜谱，此类文章无法评定蓝思等级）。

最适合推荐的读本，是学生有兴趣的主题以及学生对该书理解程度达75%的书，Lexile 的推荐以此原则来制定。Lexile 网站也有海量网络资源可以供有需要的各类读者使用。

（三）Developmental Reading Assessment（发展性阅读评估体系）

发展性阅读评估体系是英国培生教育出版集团用来测定幼儿园到8年级学生阅读能力的分级系统。教师或家长可根据测试结果匹配与其水平相当的图书，以提高少儿阅读能力。测试内容着重读者阅读的准确度、熟练度和理解程度等，其目标是帮助每一个学生成为独立、成功的读者。其分值范围为A~80，按照不同分值，将读者划分为 Emergent（Levels A~3，Grade 1）、Early（Levels 4~12，Grade 1~2）、Transitional（Levels 14~24，Grade 2~3）、Extending（Levels 28~38，Grade 2~3）、Immediate/Middle School（Levels 40~80，Grade 4~8）。

（四）Guided Reading Levels（F&P Levels，指导性阅读分级体系）

该体系由阅读专家艾琳·方塔斯（Irene C. Fountas）和盖·苏·皮奈尔（Gay Su Pinnell）于1996年与英国海涅曼（Heinemann）教育出版集团合作提出。指导性阅读分级体系的教学模式是：通过分级原则，按照阅读能力将学生分组，教师提供与不同组别学生能力相适应的书籍，协助学生流畅阅读，引导学生有效阅读。该体系采用 F&P 文本分级梯度（The F&P Text Level Gradient）方法来划分阅读级别。主要考虑读物的主题、词汇数量、词汇难度、插图、句子长度、语言结构、句子复杂程度、思想内涵等因素由专家分析。各适读等级设有标准文本（Anchor Book），有利于定级考查。

该体系按照字母"A到Z+"的顺序，将读物分为27个级别，一级称为一个GRL。"A"级为最低级别，表示读物难度最低；"Z+"级为最高级别，表示读物难度最大。该体系认为，读者阅读大致分为六个阅读阶段，每个阶段的读者有不同的阅读特点，可阅读不同难度等级的读物，包括阅读萌芽期（Early Emergent Readers）、阅读早期（Emergent Readers）、阅读发展期（Developing Readers）、独立阅读早期（Early Independent Readers）、独立阅读发展期（Developing Independent Readers）、独立阅读期（Independent Readers），分别大致处于阅读"A"到"D"，"E"到"F"，"G"到"M"，"N"到"P"，"Q"到"S"，"T"到"Z"读物的阶段。

三、西方阅读分级分析

早在1893年，美国内布拉斯加大学英文学系教授L.A.Sherman就提出，通过统计方法客观分析文学作品。他说，用科学方法来分析美学作品，很自然地会引起反感。然而，事情的本质是，我们没有理由不像分析人体结构一样分析人类语言和思想的组织。不到一代人的时间，科学得到了富有想象力的拓宽运用，"美学不可以将事实与统计作为材料辅助"这一说法并不成立[1]。

一百余年后，可读性公式受到越来越多的关注，各领域各行业专家也对之提出越来越多的批评。对于可读性公式集中的批评主要有：第一，可读性公式较多地考虑句子结构和词汇，但其他文本难易的影响因素，包括语篇衔接的程度、需要推论及记忆的比例、修辞结构、方言及所需背景知识等，多不在考虑之列，这就造成某些文本实际的阅读难度与分值不相符合。第二，读者的动机、兴趣、意图等变量因素，与其实际达到的对文本的理解有极大关联，这些都不是可读性公式所能囊括的。1948年，Dale和Chall表示，理想化的可读性概念应该是包含文本和读者的，但读者的因素并没有被测量，并且很可能不能被测量。第三，这些可读性公式之间有着内在的联系，但是在对于同一文本的认定上，它们通常会给出比较广泛的不同的等级水平。第四，特别是对于需要有所辅助的阅读者而言，

---

[1] William H.DuBay.The Classic Readability Studies［EB/OL］.（2015-07-15）［2016-07-15］.http：//www.ecy.wa.gov/quality/plaintalk/resources/classics.pdf

并不是所有在公式表上显示与之水平相当的读物都可以供其阅读。

尽管可读性公式受到了很多批评,阅读专业机构也倡导谨慎使用可读性公式,但可读性公式仍被看作一种有用的工具,被广泛运用在教育领域,而且在商业、军事、法律等领域的使用频率也与日俱增。有学者提出,可读性公式本身不能确保文本和学习者之间的匹配,需要通过教师的专业判断来补充[①]。

适读性纳入了可读性公式未考虑的深层文本特征,如文体、主题、结构等,比较能够反映文章理解的真实样貌。不过,适读性分析也存在问题。首先,研究者建立的适读性分析架构并无清楚的理论依据,后续研究不易判断其合理性。其次,仅要求评估者综合考量各项指标后做出综合分级判断,未考虑各指标的重要差异。再次,文本分级时未订立明确的标准及具体评估方式,依赖评估者依主观经验做最后判断,缺乏量化、客观的判断,可能因为评估者的经验差异而导致分级结果分歧,研究者也难以重复验证[②]。因此,不少学者建议综合使用可读性公式与适读性阅读分级。

第二节 汉语阅读分级现状扫描

传统可读性公式研究方法是 Vogel 和 Washburne 于 1928 年提出的多元线性回归模型,中文可读性研究也不例外。以回归分析法发展可读性公式,将可读性指标逐一删去,最后只留下少数影响最大的指标。另外,亦有研究使用支持向量机建置之模型来预估文章适合阅读的年级,提出将句法分析与词性、词表示法、语意信息、写作程度等特征用于文本可读性预测,并将特征彼此结合以提升预测之正确性[③]。虽然中国台湾学者开展了可读性研究,但总体来说,华语世界这类研究相对较少,仍然处于探索阶段。台湾学者宋曜廷等认为,目前中文可读性研

---

① Dahlia Janan,David Wray.Matching texts to learners:the usefulness of readabilityformulae [J/OL].[2016-08-10].http://www.oerj.org/View?action=viewPDF&paper=96

② 陈茹玲、蔡鑫廷、宋曜廷、李宜宪.文本适读性分级架构之建立研究 [J].教育科学研究期刊,2015(1):1—32

③ 刘忆年、陈冠宇、曾厚强、陈柏琳.可读性预测中小学国语文教科书及优良课外读物之研究 [M].The 2015 Conference on Computational Linguistics and Speech Processing.ROCLING,2015:71—86

究，仍有以下限制有待突破：（1）亟待发展符合中文特性与现代语言脉络的可读性指针；（2）过去可读性公式仅选择少数、表浅的语言特征，不够周延，亟待建立包含更多且较为完整的可读性指标；（3）亟待发展具有效度的可读性数学模型，并进行效度验证。

有研究提出了儿童分级阅读标准初级词表，并得出以下结论：人教版"小学语文教材课文语料库"具有纯洁性、基础性的特征。纯洁性表现在褒义、中性词语的选择，以及对汉语本土作品的偏重上。基础性表现在对课文句长、对话、特殊句式的频度掌控上。"经典儿童文学作品语料库"与"接力分级阅读抽样语料库"在通过与人教版小学语文教材比较之后凸显出其个性，虽与人教版语料库有不同，但是并没有表现出截然的区别，这两种语料库对人教版语料库有其延伸和扩展的作用，也较为符合课外分级阅读的需求。[①] 2016 年 2 月，"上海市中小学汉语分级阅读标准研制项目"举行第一阶段能力标准研制专题汇报[②]。该项目由上海市教委、华东师范大学、上海师范大学等联合研究，明确了最终成果之一是两个具体的标准：《汉语阅读能力分级标准》和《汉语阅读文本分级标准》[③]，且对阅读素养做全面系统的研究。

为鼓励中小学生独立阅读，台湾发展出"桥梁书"（Bridging Books）概念。"桥梁书"针对特定阶段，通过图文比例的变化，在内容叙述上逐渐繁复，以趣味阅读建立儿童阅读自信，使得阅读水平得到较大进步。人民教育出版社儿童阅读推广人王林、儿童文学作家徐鲁和上海浦东教育发展研究院儿童心理研究专家徐榕等人也在 2008 年提出引进"桥梁书"新概念，倡导儿童分级阅读[④]。

与国外政府、学者以及社会力量积极研究和引进分级阅读的概念不同，我国推进分级阅读活动的主要力量较为单一，研究方法也较为宽泛，即从儿童心理发展角度，以专家判断难度、推出推荐书目为主。2008 年和 2009 年，南方报业传媒集团旗下的"南方分级阅读中心"和接力出版社的"接力分级阅读研究中

---

① 刘娜.基于语料库的儿童分级阅读语言学定量研究［D］.济南：山东大学，2015

②《课程改革与教学研究专报》第 195 期［EB/OL］.［2016-09-02］.http://www.shkegai.net/index/newsshow.aspx?id=20160318090341cb05f87e-0015-44f1-9843-95ad34e5b537

③ 叶丽新.分级阅读标准研制中的基本问题［J］.上海课程教学研究，2016（6）：68—77

④ 晓任.儿童分级阅读有必要吗？［N］.中国图书商报，2009–06–02（A01）

心",分别在广州和北京成立。这是我国两个专业分级阅读机构。"南方分级阅读中心"2009 年颁布了我国首个少年儿童阅读分级标准,包括《中国儿童青少年分级阅读内容选择标准》和《中国儿童青少年分级阅读水平评价标准》。"接力儿童分级阅读研究中心"2009 年推出《中国儿童分级阅读参考书目》;2010 年推出《儿童心智发展与分级阅读建议》《中国儿童分级阅读指导手册》(2010 版)与《中国儿童分级阅读参考书目》(2010 版)。另外,像贵州人民出版社、湖北少年儿童出版社、中国少年儿童新闻出版总社、教育科学出版社、湖南少年儿童出版社、二十一世纪出版社、少年儿童出版社、海豚传媒等出版机构,都纷纷推出了自己的"桥梁书""阶梯阅读"产品[①]。

"新阅读研究所"于 2010 年成立,并于 2011 年 4 月推出了由国家新闻出版总署支持和部分资助的,分别针对小学低、中、高段的《中国小学生基础阅读书目》,引起社会广泛关注。2012 年,"亲近母语研究中心"推出《亲近母语·分级读本》,2015 年推出《小学生分级阅读书目》。

国内阅读分级研究仍然处于起步阶段,存在的主要问题包括:一是对阅读分级的理解存在偏差,比如将阅读分级狭隘地理解为针对儿童阅读进行内容控制的方法;将阅读分级简单理解为依据儿童心理发展、年龄、年级等单一因素来划分阅读内容等;二是阅读分级的理念仅在专业或行业范围内知晓度较高,在社会人群中极少有人知晓或者了解,更不知如何运用阅读分级;三是阅读分级研究的参与方单一,应联合专家、教师、出版社、图书馆、家长等各方社会力量共同投入研制;四是多主观简单判断文本主题、体裁与难度的变化,没有测评体系与标准;五是纳入阅读分级的书目有限,易让人产生是否与商业利益相关的推测。

第三节 "在馆书评人"分级推广理念与策略

图书馆作为公益文化机构,"在馆书评人"应积极推动图书馆成为宣传与推

---

① 白冰.少年儿童分级阅读研究的现实意义〔EB/OL〕.〔2016-09-02〕.http://baby.sina.com.cn/09/2707/1459142599.shtml

动阅读分级的空间，包括了解读者阅读需求的调研与试验空间，阅读分级的应用与改进空间，阅读分级的公益推广空间；广泛开展合作，让图书馆成为适读人群、研制专家、推广机构的天然合作伙伴。

一、深入理解阅读分级目标

阅读者，特别是初学阅读者，或者需要辅助的阅读者，对于字、词、句较难掌握，阅读的流畅程度低，阅读过程支离破碎。如果他们在阅读时总是有失败的体验，很容易失去学习的兴趣和主动性。符合读者阅读水平的文本，则能够提高读者的阅读动机，增强其自信心和自我价值感。阅读分级可有效、系统地整合资源，对文本进行分级，选出适合读者阅读的读物。在分级体系下，阅读者从比较容易的读物开始，在阅读过程中逐渐形成阅读自主行为，并在难度相似的文本中应用，发展出有效的阅读控制行为，最终可以独立自主地阅读有相当难度和深度的内容。

在此基础上，阅读者可以按照自己的阅读能力及阅读速度，建立相应的阅读分级书单，从易到难，逐渐选择稍有难度的书籍来阅读。阅读有梯度，阅读有阶段性，文本分级可以在阅读的关键衔接点提供帮助，使阅读者更易有阅读收获，也更容易获得阅读乐趣。阅读分级着眼于提升阅读能力，从而培养阅读习惯。

在馆内设置分级阅读空间，与阅读专家合作，了解儿童对文本阅读的难易认识，开展长期、系统的阅读促进活动，举行阅读能力的试验性测试，建立评估要素，评估阅读效果，以利于阅读分级体系的构建。在网站上开展在线活动，推荐阅读材料，提供在线阅读测试，收集更多样本。阅读具有阶段性与差异性，需要了解不同读者的阅读需求与阅读能力，为不同能力的读者提供适当的读本引导。

二、推荐阅读着眼于文本难易分析

图书馆荐书，常以"好书榜""主题书目""年度书目"等形式出现。这些书目较为笼统模糊，对于经常关注书讯的读者而言，可以作为有益的发现和补充；但对于很少关注书讯的读者而言，这些书目很难引起关注。推荐专门阅读书目，着眼于文本难易分析，提出书目适合何种程度的读者阅读，书目中标明适当的梯度以供不同程度读者选择，建议读者可以将哪本书作为入门读物，分析书籍为何较易引起某个特定读者群的关注等。专门书目和文本难易分析，保障了推荐书目的可操作性，增加了吸引力，加强了书目阅读效果。

中国现代语文教育开拓者阮真提出，可以从四个方面十三条标准来判断文本难易[①]：

（甲）辞句方面之标准

1. 文中用辞造句愈近于现代通俗语者为愈浅；愈远者愈深。

2. 文中引用古典或古代之成语或原文，以引用多寡难易酌定其文章之浅深。

3. 根据文句结构之繁简，平曲，华质，雅俗，及含蓄之多寡，以判断文法之浅深。

（乙）内容方面之标准

1. 文中所载事实，以易否引起学生想象为浅深。

2. 文中所含理想，以某级年龄之学生易否判断及领悟为浅深。

3. 文中所含感情，以某级年龄之学生曾否有相当的经验为浅深。

（丙）艺术方面之标准

1. 文章层次清楚，用笔平易少变化者为浅；结构繁复，用笔奇险多变化者为深。

2. 诗文格调近俗者为浅；格调高古者为深。

3. 艺术的表现明确，易于寻绎者为浅；文意含蓄，不易寻绎者为深。

（丁）意境方面之标准

1. 童话，故事，寓言，神话，歌谣等，合于小学生之幻想，而为其时心理发育程度易感兴趣者为最浅。

2. 记事，记游，记人，记物及叙述言行，学生能根据处世经验，易于想象而感兴趣者次之。

3. 描写论述须根据深刻的处世经验与学理解析者又次之。

4. 文艺之含有哲学的背景，与论文之为学术得概论，考据，或批评者为最深。

从分级的角度推荐阅读，应从文本难易出发，参照各方标准推出书目，从

---

① 阮真. 初中国文教材程度的比较研究［J］. 岭南学报，1930（2）：101—106

辞句、内容、艺术、意境等方面撰写较为科学有趣的推荐语、书评文本，供读者选择。

三、运用不同的阅读指导策略

很多批评同时针对可读性与阅读分级。对于读者而言，将文学变成一个个难度非常高的分值是可恶的；将阅读标准化，会让人对阅读望而却步，甚至阻碍阅读。对作者而言，必须在某一层级创作，也会大大抑制其创作。

需要注意的是，阅读需要引导，分级是达到阅读效果的方法和策略之一。这与"给孩子提供自由的阅读环境，让孩子与书发生奇遇"的主张并不矛盾，两者可以并行。阅读分级系统也并非针对作者设定。作者可以以一定量的字词为基础，创作针对某个年龄段的读物。国内外均有相当多的专门创作的系列幼儿读物，更多的则是抛开阅读分级体系，依循自己的创作思路、手法及自己对读者的了解，写出好的作品。

作为阅读者，既可以从易到难地学习阅读，也应在阅读分级之外的广阔阅读中充分发展自己的阅读动机，进而感受阅读的吸引力，发现阅读的美妙之处。初学阅读者，如果能够在阅读分级和阅读动机之间兼顾和平衡，将阅读的标准为己所用，更可以充分调动阅读策略和阅读技能的培育。阅读分级之外，在高阅读动机情形下，人们会非常愿意阅读超出或低于自己阅读水平的读物，激发阅读潜能，自由地、自然地进行大量阅读。高阅读动机的阅读，对于阅读水平的提升与阅读效率的培养能够起到促发作用。

同理，从引导阅读方面来说，不应受制于分级，而要充分认识和利用分级。如儿童经典阅读，图书馆可以从童蒙读物、唐诗宋词里的故事、《诗经》《山海经》里的动植物开始，由易到难地推动经典阅读进入儿童视野。如果儿童因此对经典产生兴趣，即使文本难度偏大，也可以尝试阅读。

阅读分级有利于了解阅读者的能力。熟悉大量的各类型的读本并推荐给儿童，特别是阅读的起始阶段，从阅读者适合、喜欢的书籍开始，做纯粹的阅读积累，是阅读推荐者的重任。在深化阅读推荐中，要既有主题阅读，也有广度阅读，使得阅读能够走向纵深。不同的阅读者具有差异性，图书馆在引领阅读中要运用适当的方法和策略，组织多元阅读活动，提升读者阅读能力。

以"哈利·波特"系列为例，阅读分级数据表明，3~8级的学生都会对"哈利·波特"系列书籍感兴趣。作为受到较高关注的书籍，这套书适合用来吸引儿童关注阅读。但从阅读的层级上看，它更适合高年级的学生阅读。同时，作为风靡全球的系列小说，它收获了追捧，也受到不少批评。从图书馆推广阅读的角度看，这套书有利于塑造读者的阅读习惯，加深阅读情意，让阅读者超越自己的阅读水平，在阅读体验和经验的积累中发挥重要作用。分级数据并没有让孩子望而却步，反而激发了他们的阅读自信。对于图书馆而言，要充分利用分级数据和相关书目，帮助读者积累和进步。

Harry Potter 系列阅读分级 [①]

	Interest Level	Grade Level Equivalent	Lexile® Measure	DRA	Reading Guided
Harry Potter and the Sorcerer's Stone	Grades 3~8	6	880L	50	V
Harry Potter and the Chamber of Secrets		6.7	940L	50	V
Harry Potter and the Prisoner of Azkaban		6.7	880L	50	V
Harry Potter and the Goblet of Fire		6.8	880L	60	W
Harry Potter and the Order of the Phoenix		7.2	950L	60	W
Harry Potter and the Half-Blood Prince		7.2	1030L	60	W
Harry Potter and the Deathly Hallows		6.9	980L	70	Z

---

① 根据 Scholastic 网站统计，详见 https://store.scholastic.com/shop/Books-Harry-Potter/4502~4518~7~690

第七讲

"在馆书评人"与分众读物推广

第一节　分众学说及分众时代

一、分众学说

（一）分众的概念

"分众学说"发端于 20 世纪 70 年代的新闻传播学领域。"分众"指具备了社会多样性的、并非同质的孤立受众集合。在人口统计学特征上，受众分属于不同的性别、年龄、学历、民族、职业和居住地等；在社会群体归属特征上，受众存在着非常明显的个体差异。我们期望将分众学说引入阅读学领域，为阅读推广活动拓展新的发展方向。

为了阐明"分众"的定义，我们首先探讨一下"类"这一概念，将"类"作为"分众"的子定义。当我们提到"类"的时候，会想到"一类人""一类事物"等等，它们因为有共同点而被归为一类。"类"在汉语中指许多相似或相同的事物的综合。我们这里提出的"类"，是指在某一时间段内对某一种信息有着共同需求的受众群体。在这一段时间内，他们对信息有着相同的需求；所以，在这一时间段内，他们共属一个"类"。

"类"的存在需要一定的前提，我们需要为"类"的存在提出一个时间段的概念。

只有"在一段时间内"才会存在"类"，因为在不同的时间段内，受众对信息的需求会发生变化。以女性对书籍的需求为例，当一位女性在备孕、怀孕直到生产结束的时间段内，她会对育儿、胎教等母婴类书籍有需求，这便是她对信息需求的时间段；而当孩子逐渐长大后，在相当长的一段时期内，她不会再对女性孕期的信息有所需求。所以，一个"类"的存在是有时间周期的，而每一个"类"的时间周期也不尽相同。比如上文所举的例子中，这个时间周期可能是几个月到一年，关注和需求此类书籍是有时间起止的。当生育行为结束的时候，信息收集也就逐渐停止了，这个时间段对于书籍需求的满足，并不会持续很久。

但也有很多"类"的时间周期相对较长。比如儿童，他们喜欢读绘本书、少儿百科全书，所以各种各样的漫画书、绘本故事书、百科全书都是他们所需要的。儿童可能会在五至六年间都对这些书籍抱有浓厚的兴趣，因此这个"类"从出现到结束就可能需要五至六年的时间。所以，时间段只是"类"的划分前提，而不能作为"类"划分的依据。因此，在讨论受众理论时，仅有"类"的概念还不够，信息需求相似的人并不一定属于同一个"分众群体"。比如，一个为了应试而临时学习古诗词的人和一个古诗词爱好者，他们在对诗词类书籍信息的需求上，可能在某一段时间内存在着相同的取向，但是他们并不一定属于同一个"分众群体"。因为应试者和爱好者对信息需求的动机是不同的，面向两者的书籍也应该是不同的。对于应试者来说，他们需要的是整理完备、具有普适性、可以快速补充个人诗词知识的书籍；而对于诗词爱好者来说，他们需要的可能是更有特色、更小众、更专业的诗词研究类书籍。

所以，为了明确"分众"的定义，我们还要提出另一个概念，那就是"属性"。所谓"属性"，在汉语中的意思是事物所具有的性质、特点。那么受众的"属性"应该是从哪些性质和特点上来界定呢？每一个人都有自己的活动范围，从出生到长大，除了遗传基因外，每个个体还会受到外界的各种影响，逐渐塑造自己的人格特点。因此，不会有两个完全一样的人。但是，从某些方面来看，人与人之间又是存在着共性的。比如，孩子都爱看动画片，女性普遍热爱穿着打扮，年轻人喜欢上网，中年人喜欢读报等等，都是一类人之间的共性。但这只是粗略的划分，如果要从真正意义上的属性来划分，那么我们就要对性别、年龄、爱好、收入、社会地位、社会角色、家庭环境、工作环境、信息接收方式等做深入的研究和细分。以上这些都是受众的属性范围，但是每个人在这些属性范围内又都有着自己的性质和特点；相同属性的人容易对事物有相似的看法，因此在传播过程中从信息需求动机到信息获取结束，再到信息反馈的整个过程，这些有着相同属性的人容易出现相似的行为。所以，"属性"是"分众"产生的另一个重要因素。

根据以上对"类"和"属性"的概念的讨论，我们可以得到"分众"的定义：在某一时间段内，由于有共同的属性而需要相似信息的这一部分受众群体，被称为"分众"。[1]

（二）分众理论的时代

我们可以这样界定"分众理论"：通过专门的平台，向特定的信息需求群体提供有用信息或从信息源处获取有用信息的活动。在传播学中，往往把大众传播的受众在本质上看作同质化、无差别的，其传播方式主要是"点到面"，传播对象是社会上的一般大众，即受众是一个模糊的集合概念，它并不特指社会的某个阶层或群体，而是指社会上所有的"一般人"。分众理论主要是"点到点"，其前提假设是：个体具有不同的个人属性和社会属性，因而其需求、接触动机、兴趣和爱好也是不同的；如果能对受众进行准确定位，就可以为其提供合适的阅读推广服务。

1970 年，美国未来学家阿尔文·托夫勒（Alvin Toffler，1928—2016）在其名著《未来的冲击》（*Future Shock*）中首创性地提出了"分众"（Demassification）这一名词。他的创新观点是："面向社会公众的信息传播渠道数量倍增，而新闻传播媒介的服务对象逐步从广泛的整体大众，分化为各具特殊兴趣和利益的群体。"[2]

1972 年，美国广告专家杰克·特劳特（Jack Trout，1935—2017）与艾尔·里斯（Al Ries）合作，在美国《广告时代》（*Advertising Age*）发表了名为"定位时代"（"The Positioning Era"）的系列文章，认为我们进入了产品和公司形象的重

---

[1] 赵冠闻.论分众传播的产生和发展［D］.长春：吉林大学，2007
[2] ［美］托夫勒.未来的冲击［M］.孟广均，译.北京：中国对外翻译出版公司，1985

要时代，但是最重要的是根据潜在顾客的需求，在他们的心目中创造出一个位置，就是把产品定位在潜在顾客的心目中。按照杰克·特劳特与艾尔·里斯的解释，定位对象可以是一件商品、一项服务、一家公司、一个机构，甚至是一个人。报纸作为主要提供信息服务的媒体，生产者及其机构日渐以企业形态步入市场参与竞争，合理定位是各种类型的报纸找准自身位置、扮演好其角色进而获得更快发展的必要前提。

1985年，日本知名的市场研究机构——博报堂生活综合研究所出版的《分众的诞生》①一书，则对"分众"学说做了更深入的研究，认为以"划一性"为基础的"大众"社会，正在不断地分化成为个别化、差异化的小型群体。这是一种"被分割了的大众"的现象，因而被冠以"分众"这个概念。

如果说上述观点还处于概念化阶段，2006年美国学者克里斯·安德森（Chris Anderson）在《连线》杂志（*Wired*）抛出的"长尾"（The Long Tail）理论，则将分众问题提升到理论层次。这种理论认为，只要存储和流通的渠道足够广，需求不旺或销量不佳的产品共同占据的市场份额，就可以和那些数量不多的热卖品所占据的市场份额相匹敌。"长尾"理论提及的市场份额，反映在新闻传播界即分众市场。

分众时代的标志化景象是：一方面，新媒介介入传播领域，通过营造沟通平台，方便用户从事个性化搜索、论坛化交流、手工化生产，从而形成一个个基于互联网的分众圈子；另一方面，后工业社会的来临也带来了传统媒介受众本身的变化。如美国学者丹尼尔·贝尔（Daniel Bell，1919—2011）所述，后工业社会，消费关系取代生产关系成为社会关系的首要类型，在此背景下，作为消费者的读者群体自然产生分化，呈现出兴趣和需求的多元化②。

因此，随着分众理论在各个领域的普及和应用，阅读推广领域也应当与时俱进，引入分众理论，将读者群体不断细化，为各个群体提供分众读物推广服务，以期实现《图书馆学五定律》（*The Five Lows of Library Science*）中"每个读者有其书，每本书有其读者"③的理念。

---

① 博报堂生活综合研究所．分众的诞生［M］．黄恒正，译．台北：远流出版社，1986
② 郑宇丹．分众的生成：国内报业市场构成状况分析［J］．中国出版，2011（22）：30—33
③［印］阮冈纳赞．图书馆学五定律［M］．夏云等，译．北京：书目文献出版社，1988

第二节 分众理论在阅读领域的发展

社会的进步、技术的发展和受众需求的日益多元化，使得分众化趋势不可阻挡。当受众由"大众"划分为各类型的"小众"，作为服务对象的受众将不再是被动地接受信息，服务者理应为不同的受众群体提供特殊的信息服务。[①] 阅读推广研究已蓬勃发展多年，但存在着研究对象略显单一且分布不均的问题。从已有研究成果可以看出，我国图书馆学界的阅读推广研究对象主要集中在儿童、高校学生、残疾人等群体上。在分众阅读视角下，更多的群体需要得到专业的阅读指导和关注。本节在介绍分众阅读时代的基础上，列举了一些典型的阅读群体加以分析。

一、分众阅读的时代

"阅读"既是一个共性的文化概念，又带有强烈的个性色彩。有些书籍是各类读者都能读也喜欢读的，但有些书是有些读者喜欢而另一些读者不喜欢的，还有些书籍是部分读者可以读懂但其他读者读不懂的。这其中既有文化程度和专业素养的差异，也有职业需要和兴趣爱好的问题。所以，在读物异常丰富的今日，阅读自然会形成分众。

中国自改革开放以来走过的阅读变革之路，就很好地印证了由大众阅读走向分众阅读的一个过程。20 世纪 80 年代，全国人民在经历了精神饥荒之后开始疯狂地阅读，可以说那是一个大众阅读的时代。由于阅读材料的匮乏，当时最为流行的是思想文化类书籍，哪怕是艰深的学术著作都会销售一空，如四川人民出版社的一套"走向未来丛书"。随着时代的发展和读物的丰富，特别是近十年，阅读的分水岭出现了。有的读者喜欢读通俗小说，有的读者热衷成功学类畅销书，有的读者偏爱财经类书籍，也有读者青睐哲学、文史类书籍。今日的书店中，网络写手的青春读物、成功学的经验之谈、名著经典和一些专业类书籍都可以并列摆放，供各类型的读者选购。

在读者需求个性化的时代，我们倡导将分众理论引入阅读活动中，倡导分众

---

① 李冰. 分众传播与大众文化的部落化 [D]. 长春：吉林大学，2008

阅读。宏观来看，分众阅读的理念考虑到了不同个体的实际需要，不仅体现了个性解放和人文关怀，而且有利于营造"百花齐放、百家争鸣"的文化格局，促进社会多元化发展。从微观上看，分众阅读的理念满足了不同层面的阅读需求和兴趣爱好，让更多读者拥有自己喜爱或对自己有实际价值的书，对于促进和推动全民阅读大有裨益。因此，由大众阅读走向分众阅读是一种必然的趋势。

二、分众阅读的典型群体

（一）性别群体

1. 女性群体

女性在成长过程中，由女儿到妻子、母亲，在家庭中一直发挥着重要的作用。女性的文化素质影响着家庭的文化氛围，而家庭作为社会的基本组成单元，其和谐与文明程度，对社会文明的发展有着非比寻常的作用和意义。越来越多的女性在胜任家庭工作的同时，还在职场上占有一席之地，职业女性的成长对实现个人价值和推动社会发展也有积极的影响。

数量庞大的女性读者根据自身的性别特征、心理特点和社会角色等，有选择地阅读相关出版物，可以达到修养身心、优化生活、诉求情感、获得技能、提升素质、完善自我等多层次的需求。女性群体进入最佳阅读状态，不仅有利于个人的身心发展，对家庭阅读氛围和社会阅读潮流的发展都有推动作用。关注女性群体的阅读活动，对构建书香家庭、建设学习型社会大有裨益。

2. 男性群体

男性自古以来就是阅读的主要群体，为了进一步挖掘男性阅读的发展空间，对男性阅读群体也可以进一步进行细分。针对男性群体内部不同层次的需求，可以将阅读素材划分为时政读物、学术文化读物、教育读物、大众读物四大板块。

男性读者通常根据自身的社会角色、心理特征、现实需求等，对读物做出相应选择，达到丰富知识储备、促进身心发展、提升生活品质、应对职业需求等阅读成效。以男性精英群体为例，时政读物和学术文化读物是该群体的主要阅读对象。高端学术著作、文化典籍、政治经济专著、军事读物和名人传记是这一群体优先选择的阅读内容，也是有别于其他大众群体的阅读倾向。因此，对男性读者群体进行精准定位是极有必要的。

（二）特殊群体

1. 儿童群体

近年来，社会对儿童阅读的关注度一直居高不下。阅读对儿童成长具有重要意义。例如：阅读促进儿童大脑发育；阅读辅助儿童语言能力、想象能力、思考能力的发展；阅读提升儿童的学习能力；阅读有助于塑造儿童的人生观、价值观；阅读保障儿童身心健康发展；阅读疗法医治心灵疾病；阅读让孩子透过书籍看到全世界。

阅读对儿童成长的益处不可胜数，儿童的阅读习惯培养和阅读能力发展，需要专业的引导。儿童对读物的需求与成人大相径庭，儿童读物，内容既要有趣，也要有意义；版式设计，既要美观，也要实用。出版物市场中，儿童读物种类繁多、数量庞大，帮助家庭、学校和儿童选择合适的读物，需要广大图书馆馆员的参与和协助。

2. 老年群体

随着我国人口老龄化的加剧，来自社会各个行业、各个阶层的老年群体，也是一个不断扩大的读者群。老年群体对读物的需求呈现多元化状态。在阅读内容的选择上，多数老年人倾向于养生、保健、家庭生活为主的实用性读物，其次是历史传记类、文艺类书籍，部分文化层次较高的老年读者会选择社科、哲学以及专业性强的书籍。

但是老年群体的阅读活动也存在一定问题。例如：老年读者的信息获取途径较为单一，获取读物的出版发行信息较为滞后；老年群体的纸质读物阅读习惯阻碍了其新媒体阅读；针对老年读者的阅读产品的缺乏及纸质读物价格的上涨，减弱了老年读者的阅读意愿和阅读热情；老年群体在退休后理应有丰富的阅读时间，但是实际阅读时长不容乐观。因此，关注、研究日益增长的老年群体阅读需求，将老年阅读纳入全民阅读活动，对开创老年阅读新局面、构建全民阅读社会具有深远的影响。

3. 残疾人群体

残疾人群体的生活和教育问题，一直是社会各界关注的焦点，我国近年来出台了一系列保障残疾人权利的相关法律法规。作为社会文化教育机构的图书馆，理应关注和服务于残疾人的阅读活动。

通过阅读活动，可以提升残疾人读者个人信息素养，实现信息的无障碍获取，从而帮助逐渐融入社会，改善不利的生活状况。由于残疾人群体的特殊性，图书馆开展阅读活动时，需要为其提供良好的阅读环境、特殊的资源内容和丰富的阅读方式。图书馆关注残疾人群体的阅读活动，既能发挥阅读引导职能，促进残疾人阅读，又能体现现代图书馆的社会包容理念，有利于实现消除社会歧视、促进社会和谐的使命。

（三）职业群体

不同的职业群体对读物的需求千差万别，但是在职业道路上坚持专业阅读，是提升职业素养、职业技能和综合竞争力的必要保障。职业阅读不仅仅是全民阅读的重要组成部分，也是应对产业转型升级、创新发展的需要，是应对职业人才结构调整和职业技能调整的需要。有效的职业学习和职业阅读，不仅仅对各组织应对人才培养和人才竞争有意义，对于从业者本身的眼界、素养以及能力的培养，都有不可替代的作用。因此，将不同的职业群体纳入分众阅读研究领域，有助于精准定位各群体的阅读需求，提升阅读体验，强化专业素养，最终推动全民阅读社会的建设。

（四）兴趣群体

兴趣是阅读最强的动力。拥有共同阅读兴趣的群体，在读物选择上也更为相似。因此，将兴趣群体作为分众阅读的研究对象，有助于准确高效地把握读者的阅读需求，为读者推送合适的读物。下文以较为热门的两大读物主题为例进行介绍。

1. 科幻读物读者

近年来，刘慈欣的长篇科幻小说《三体》获得国际大奖，引起国内外读者的极大兴趣与专业评论界的热议和推崇。科幻读物在我国受到前所未有的密切关注，也发展了一大批忠实读者。

科幻读物风格多样。预言派的科幻读物，重在对未来进行预言，描述未来世界的灾难、战争及科技的发展；科学普及派的读物，逻辑周密，基础知识扎实，采用"用故事送服科学知识"的写法向读者普及知识；艺术派的科幻读物，超越了探险、战争、发明等传统题材，在人性和艺术领域深入挖掘；通俗娱乐派的科幻读物，以情节取胜，故事发展扣人心弦。①

科幻读物的读者群体庞大，涉及各个年龄段，适合作为受众群体，引起图书馆界的强烈关注。

2. 青春文学读物读者

青春文学读物，一直是图书畅销排行榜上的主力军。该读物可分为几大类：一是借助"青春"的概念，通过伤感的爱情故事和优美华丽的文字来描述青春时期人的内心世界、情绪波动和思想活动的作品；二是网络写手创作的言情小说作品，此类故事情节曲折动人，以中学生和女性为主要读者群；三是黑色幽默作品，想象力丰富，用词辛辣，趣味十足，发人深省，别有一番寓意；四是恐怖、悬疑、奇幻类风格作品，以故事性和新奇性取胜，构思精巧。②

青春文学读物的畅销，表明了青少年读者群体对于这类图书的阅读兴趣。他们通过体会书中同龄人对成长的感悟、微妙情感的变化、天马行空的想象，获得认同感和满足感。但是出版物市场上青春读物泛滥，青少年群体尚缺乏足够的分辨力，极容易受到不良作品的影响。因此，对这一群体也应当给予足够的重视，帮助他们获得有助于身心健康成长的优质作品。

多元的划分标准产生了不同的分众群体。各类图书馆可以针对自身的服务对象和服务目标，确定受众需求，开展内容丰富、层次分明的分众化立体式全民阅读活动。

---

① 黄若涛.你看过科幻小说吗？——对科幻小说阅读及需求现状的调查［J］.出版参考，2001（6）：17—18

② 王岚.青春阅读进行时——青春文学类图书市场调研［J］.教育观察旬刊，2013（4）：90—92

第三节　书评的选题、写作与分众阅读

有书籍就有评论。作为一种文化现象，书评随着图书的发展而发展，能够影响读者，左右舆论和出版，对形成优良的文化环境有重要的影响。20世纪80年代以来，人们加深了对书评的认识。书评理论不断发展，书评的地位和作用越来越重要，书评质量也大幅提升。本节将从分众理论视角，探讨书评的选题与写作策略。

一、瞄准受众兴趣点

书评不是简单罗列图书的内容，书评作者应本着对读者负责的态度，用凝练的语言总结图书的特色和价值，从而激发读者的阅读兴趣。不同的书有不同的读者群，书评写作者只有敏锐捕捉受众的兴趣点，把握读者的心理特征和爱好，考虑不同年龄、阶层、职业读者的欣赏水平，才能有的放矢地选择合适的书籍进行品评，从而对阅读活动加以影响与引导。

首先，不同受众群体的兴趣点，既可能有交叉，也可能有天壤之别，这就要求广大书评撰写者精准定位受众群体的兴趣点。因为受众明确，所在在选择读物时应当避免大而全的标准，根据书评的潜在影响群体选定具体读物。

其次，要选定评论角度。选择书评的评论角度，即确定要评论书籍的哪方面内容。书评既可以针对图书内容，从作品的思想深度、艺术特色、社会价值等角度进行分析评价，并结合相关的作品评论探讨美学问题；也可以针对图书外在形式，赏析图书的封面、开本、印刷、装订等方面的得失，评析图书在版本和体例结构上的优劣。书评还可以针对图书作者，对作者的创作经验、人品学识进行总结评述，从而深入地解析作品。根据受众的关注点选择书评的评论角度，亦可以达到吸引读者的目的。

二、热点、经典两相宜

图书市场的繁荣，既是广大读者的福音，也带给读者在茫茫书海中如何选好书、选对书的困惑。书评作为评介书籍内容与形式质量的一大标杆，应当发挥为读者选书、读书的指引作用。

分众阅读时代，读者群体的阅读倾向千差万别，但这不代表书评撰写者要一味地迎合读者的喜好来选择书籍。书评人在选题时，既要紧随当下阅读热点，及时为读者推送新近书籍，又应当深入挖掘名著经典，为读者奉上传世佳作。关注热门读物，可以及时了解当下读者的阅读倾向，为读者发掘同类书籍；紧随潮流的书评也可以迎得读者的欣赏和后期的广泛关注。而以专业眼光推介的经典著作，是对从众阅读行为的必要补充，也是使佳作不被埋没的必要推力。

三、文字的艺术性

文字是书评人向读者传达阅读体验和价值判断的最终途径，优秀的书评能吸引读者、带给读者阅读的乐趣。除了文章内容丰富、思想深刻，文字表达时词句通顺、文笔优美、情感真挚也极为重要。

书评作为表述思想、精神的载体，其艺术性主要体现在文字的可读性上。优秀的书评有的轻松活泼，有的尖锐老辣，有的朴实精练，有的恢宏大气。书评的可读性主要体现在四个方面：

一是要深入浅出地传达出图书的真实情况和客观价值。根据受众的不同，在遣词造句方面也要有所考量。为儿童读者写的书评，语言要平实浅显，风格要生动有趣，才能吸引儿童读者来阅读。为老年读者写的书评，语言则要诚恳严肃，避免使用新鲜的网络词汇，免得老年读者产生理解障碍。

二是要传递出书评人的真情实感，表达出自身的真善美。缺乏真情实感的书评，对读者而言缺少感染力和影响力，只有流露真性情的书评才会令人为之动容，并产生阅读原著的动力。

三是要行文流畅、文采出众。书评的文笔、文采、文意，是书评人专业素养和专业技能的体现，文字功底深厚才能将书籍的风采与个人的观点充分展现给读者。

四是要眼光独具、见解独到。缺乏个人见地的书评，并不能成为读者衡量书籍价值的标杆，其作用几乎等同于内容摘要。对于读者而言，书评中一针见血的解读评判，才是激发阅读兴趣的源泉。

有人将书评写作的要领概括为三个词：有文、有情、有骨。"有文"是指有文采，文思开阔，文意新颖，语言优美，文字流畅，有独到见解等。"有情"是指有感染力，有激情，有人情味，动人。"有骨"是指文章有骨气，主要是讲内容。书评文章内容要充实，言之有物，有自己独特的见解和主张，赞成什么，反对什么，都有鲜明的态度，要敢于讲真话。①

书评写作不同于一般的文章创作，它是对图书的介绍和评论，是服务于读者群体的，这就决定了在书评写作中要设身处地地为读者的阅读方便和审美感知着想。

第四节 "在馆书评人"如何推广分众读物

一、明确受众需求，广罗各类读物

分众阅读时代，不同读者群体有不同的阅读需求。明确受众的个性化需求，是推广分众读物的首要前提。对于关注家庭生活、有审美情趣的女性读者群体，可以推介装帧设计精美的家居、育儿、美容、服饰、烹饪等生活类读物；对于在职场中为理想拼搏的读者群体，可以推介有关心理素质、知识才能、处世哲学及内涵修养的读物；对于在岗位中身居要职的男性读者群体，可以推介国家政策类、企业管理类、学术科研类读物；对于追求实用性阅读的老年群体，在推介健康养生、花鸟养殖类书籍的同时，还可推介传记、回忆录等文学、社科类图书……

作为书评人，想要为不同受众推介丰富且合适的读物，自身的知识储备和阅读广度都极为重要。书评人必须具备健全的知识结构、健康积极的审美趣味和优秀的阅读素养，才能发现好书、写好书评，才能将美好的东西传达给读者。书评人读书要杂，即要广泛涉猎各类型书籍，选书标准客观公正。初读后，再精读确定推介的书籍，充分展示书籍与作者的魅力，将读物完美地呈现给读者。

二、多元的书评推送方式

读者接收到书评信息、阅读书评，书评才能真正发挥作用、实现价值。因

① 伍杰.中国书评二十年［J］.出版科学，2002（S1）：23—27

此，广大图书馆与书评人应当积极探索多元的书评推送方式，使得书评"物尽其用"。

图书馆的馆内刊物，编排精美，图文并茂，是发布"馆员书评"的重要阵地。一方面，图书馆可以通过为本馆会员寄送馆刊的方式传递书评，向各企事业单位、学校寄赠馆刊，这样既可以加强合作，提升本馆影响力，又可以为各组织提供一手的书刊资讯和订购向导。另一方面，各馆可以在馆内的报刊阅览区、公共休息区大量投放本馆馆刊，为读者提供阅览服务，使更多读者接触书评、阅读书评。

随着移动阅读的发展和推广，越来越多的读者通过电子设备进行数字阅读。移动设备给予读者随时随地阅读的机会，也为书评提供了一条快速便捷的传播渠道。无论是专业的阅读软件，还是图书馆的官方软件，或是文化时尚类软件等，都可以成为发布书评的工具。微信时代，通过公众号定期发布书评，通过朋友圈转发扩散，也是传播速度快、传播范围广的重要途径。书评人应当根据不同软件使用对象的差异，挖掘用户的潜在阅读需求，在书评投放时做到有的放矢。例如专业阅读软件的用户，阅读习惯良好，日常阅读量大，可以推送学术价值较高、思想内涵深刻的书评；而文化时尚类软件的用户更加关注时尚潮流，兴趣爱好广泛，可以推送形式新颖、审美体验出众的书评。

书评因其篇幅不限，写作形式灵活，因而推送活动可以渗透进日常生活的各个角落。将书评集结成册，投放在地铁车站、高铁、飞机客舱等各种公共交通设施中，大众可以利用日常的碎片时间完成书评阅读，较易唤醒书籍的潜在读者。图书馆可与当地的各类咖啡馆、茶馆、甜品店合作，在店内投放书评小册子；亦可在大众休闲场所投放，在随机阅读的过程中激发阅读兴趣，进而关注读物本身。

三、特色的分众阅读推广活动

全民阅读活动自开展以来，广大图书馆都推出了各式各样的阅读推广活动，并取得了可喜的效果。在分众阅读理念的指导下，我们希望可以另辟蹊径，从受众群体的典型特征出发，开展更具针对性的特色阅读推广活动。

从性别特征着手。女性群体对于精美事物拥有与生俱来的好感与占有欲。基于女性的这种心理特征，开展阅读推广活动时可以通过精巧简洁的室内陈设、温馨高雅的阅读环境，使女性阅读者产生先入为主的好感，诱发其积极的情绪状态，从而刺激其产生阅读欲望。在干净舒适的阅览空间摆放绿色植物、花卉盆景，营造清新自然的阅读氛围；或摆放古典布艺沙发和靠垫，搭配精美咖啡西点，配以熏香，营造典雅浪漫情怀，都可以迎合女性的审美需求。同时，装帧设计精美的图书、期刊及其他出版物，也会给女性读者留下良好的第一印象，促使她们进行阅读。

从年龄特征着手。关爱老年群体的阅读生活，对提升老年群体阅读品质、建设书香家庭和书香社会都有积极的推动作用。老年人退休后闲暇时间较长，潜在的阅读时间充足。通过讲座、沙龙的形式在老年群体中推广阅读活动，将他们吸引到图书馆的阅读活动中来，既可以丰富老年人的业余生活，搭建结识志同道合伙伴的平台，又可以节省家庭文化活动开支。由于老年人多肩负着协助照看子孙的任务，因而培养老年人的阅读习惯，提升其文化水平，可以潜移默化地影响家庭阅读氛围，有利于培养和指导儿童的阅读活动，对书香社会的建设也具有积极意义。

从职业特征着手。部队军人群体，由于生活环境相对封闭，文化层次参差不齐，未来还将面临退伍转业等问题，阅读活动对军人自身的发展有至关重要的影响。公共图书馆的阅读推广活动，可以深入当地部队，提供多层次多类型的书籍阅览服务。一方面，军事技能、时事政治类书籍是军人的必备"食粮"，对职业生涯的发展和军事素养的提升都大有裨益；另一方面，文化教育、专业技能类书籍也必不可少。对于面临转业和退伍的军人而言，提升文化水平、掌握专业技术是职业转型时的必要辅助。与军队相关部门合作开展阅读推广活动，将会极大地丰富军人的军旅生活，极具现实意义。

广大图书馆可以通过分众模式打造本馆的阅读品牌，开展特色读者服务，焕发全民阅读活力，为建设书香社会奠定良好的基础。

第八讲

"在馆书评人"与分地读物推广

第一节　地方文献与乡土文化读物

地方文献（Local Collection），是记述地方情况或具有地方特点的文献，包括地方志、地方史料、地方人士著作等，是了解与研究地方状况及地方人物的重要资料。图书馆（尤其是地方公共图书馆）常辟为专藏。而随着社会现代化建设步伐的加快，人们的乡土意识开始觉醒。这种觉醒表现为地方志的编纂、家谱的重修、地方文献杂志与读物的层出不穷。地方作家，一般是当地作家协会的成员，其作品也往往是结合本土生活经验创作而成。对图书馆特别是公共图书馆来说，地方文献读物的阅读推广，是非常必要和值得做好的一件事。

国学大师钱穆在其名著《国史大纲》开篇中说："凡读本书请先具下列诸信念：一、当信任何一国之国民，尤其是自称知识在水平线以上之国民，对其本国已往历史，应该略有所知。二、所谓对其本国已往历史略有所知者，尤必附随一种对其本国以往历史之温情与敬意。三、所谓对其本国已往历史有一种温情与敬意者，至少不会对其本国已往历史抱一种偏激的虚无主义，亦至少不会感到现在我们是站在已往历史最高之顶点，而将我们当身种种罪恶与弱点，一切诿卸于古人。四、当信每一国家必待其国民备具上列诸条件者比数渐多，其国家乃再有向前发展之希望（否则其所改进，等于一个被征服国或次殖民地之改进，对其国家自身不发生关系。换言之，此种改进，无异是一种变相的文化征服，乃其文化自身之萎缩与消灭，并非其文化自身之转变与发皇）。"① 这种家国情怀，正是我们图书馆馆员在做地方文献的阅读推广工作时最应该具备的。

钱穆先生是从一国历史文化的角度来对读史进行评断的。那么，具体到一个省、一个市、一个县，乃至一个乡镇、一个村落，我们也应该对自身所处的这个地方具有一种"温情与敬意"，对生养自己的这片土地应该具有一种与生俱来的感情。作为一名图书馆馆员，对自己所在的省、市、县，乃至乡镇，若能悉心留意地方文献，及时通过书评等途径予以介绍，久而久之，必能加深对该地文献的了解与熟悉程度，甚或达到烂熟于胸之程度，则地方文献专家养成矣。因此，做好地方文献与乡土文化读物的阅读推广工作，不但是我们每个公共图书馆馆员义不容辞的责任，也是我们提升自身实力、做出研究成果的极佳方式。

第二节　分地读物推广活动的实践案例

目前，国内地方文献读物的阅读推广工作，大多是由公共图书馆承担的，也有一少部分热心的市民自发地承担起了地方文献的阅读推广工作。20 世纪 90 年代以来，以公共图书馆为承办主体，已经办起了相当一批地方文化类杂志。每一份地方文献小杂志的背后，都有至少一位热心的图书馆馆员在默默地贡献自己的才华。本文仅举三例，以作为实践案例展示。

1. 范笑我先生与《秀州书局简讯》、听讼楼博客

范笑我先生，1962 年生，现供职于嘉兴市图书馆。本名范晓华，以"范笑我"之名通行于世。他所编撰的《秀州书局简讯》起编于 1994 年。

1993 年，范笑我先生在嘉兴市图书馆创办了一个后来名动全国，乃至在世界上都有一定影响的小书店——秀州书局。该书店由范笑我先生主持。范笑我先生是一个非常热心的文化人士，与全国文化名人如冰心、张中行、黄裳等人均有来往。这些文化老人自己找寻不到的图书，都会写信给范笑我先生，拜托他来搜

---

① 钱穆. 国史大纲·前言［J］. 北京：商务印书馆，1996

寻自己需要的图书。而范先生则将这些与各地文化人来往的信息统统记录下来，编成一份份简讯，取名叫《秀州书局简讯》；先是油印，后来改打印，装订后邮寄到全国各地的文化人手中。渐渐地，《秀州书局简讯》成为全国文化人交流的一个平台。在 20 世纪 90 年代初我国尚未接入世界互联网的时代，这份书讯是一个极其重要的交流平台，起到了连接全国文化人的重要作用。后来，范笑我先生还据此编著了两本书：《笑我贩书》和《笑我贩书续编》。当然，还有《笑我贩书三编》和《笑我贩书四编》，不过没有公开出版，由范先生自费印刷后分赠朋友。2006 年书店停止营业后，《秀州书局简讯》也随即停刊，成为绝响。

但是，范笑我先生停刊不停服务，继续在互联网平台上进行专业的地方文献阅读推广工作。2004 年 6 月 7 日，他在天涯论坛开通博客；2010 年后，他又转向新浪博客，开设了网络上的"听讼楼"博客空间，内容承继《秀州书局简讯》，大体为记载和推介嘉兴一地古代、现代、当代的史料与资料。截至 2017 年 3 月，其新浪博客的访问量已超过 138 万人次，天涯博客的访问量超过 416 万人次，在互联网平台上极具人气与活力。范笑我先生是图书馆馆员做地方文献阅读推广工作的极佳榜样，值得我们每一位图书馆馆员认真学习。

2. 卢礼阳先生与《温州读书报》《温州通史编纂通讯》

卢礼阳先生，1963 年生，现供职于温州市图书馆，研究馆员。《温州读书报》创刊于 1997 年，由卢礼阳先生负责，八开，四版，月报。所刊文章短小耐读，且内容多与温州本地文献掌故有关，深受读者好评。一版《文讯》，反映书界新闻和出版动态；二版《书窗》的《精品书廊》《书刊选摘》子栏目，开拓读者视野；三版《书香》，分享读书体会；四版《瓯风》，细数温州历史。各版之间虽有交叉，但分界比较清晰，便于读者浏览和投稿。

此外，温州市图书馆还创办了《温州通史编纂通讯》与《籀园》两个刊物。截至 2016 年 3 月，《温州通史编纂通讯》共编辑出版了十三期，内容集中于温州历史文化与历史文献的考订考述，主要栏目有《史实考订》《文献丛谭》《人物天地》《信札辑存》《专题索引》等。

3. 陆子康先生与海宁市图书馆《水仙阁》

陆子康先生是海宁市图书馆的老馆长，也是《水仙阁》杂志的执行主编。《水仙阁》是浙江省海宁市图书馆编的一份地方文献导读类杂志，创刊于 2007 年。截至 2016 年 7 月，已经编辑出版了三十七期。目前栏目主要有《文献一勺》《特稿专辑》《海宁人物》《藏书春秋》《文史随笔》《读书台书话》《水仙阁雅赏》《馆情动态》等。

《水仙阁》杂志主要介绍海宁当地的名人文化资源、藏书读书文化、图书馆讲座、阅读推广活动，充满浓郁的乡土气息。办刊品位高，图文并茂，留存海宁文化影像，特色鲜明，在众多内部刊物中别具一格。它以丰富的地方文献馆藏为基础，依托于海宁深厚的历史文化，不仅反映了图书采购、借阅、新书推荐、藏书研究等图书馆日常工作，也体现了读者对地方人文的深切关注。

类似的公共图书馆编的地方文献与导读类杂志，还有很多，如金陵图书馆的《阅微》、太仓图书馆的《尔雅》、张家港图书馆的《静观》、东莞图书馆的《易读》等，均有对当地历史文化的推广介绍。

第三节　有关书评的选题、写作与分地阅读

一、地方文献类的书评选题与写作

地方文献类的图书，大多分为三种类型。第一类是地方史志，第二类是地方名人文化。这两类均以本地历史文化为主要介绍对象，内容或科普或专深。第三类是文学作品，内容涉及地方历史与地方文化，以小说和散文居多。

科普作品类书评，一般来说以普及和介绍为主，将书的主题内容、覆盖范围、文化意义都介绍到了就可以。

试举一例：

《药窗诗话》：都是吴藕汀亲眼看到的东西

范笑我

吴藕汀，号药窗。嘉兴人。民国二年（1913 年）生。今年（2013 年）是吴

藕汀先生诞辰一百周年。

吴藕汀的《药窗诗话》，始创于 1971 年，至 1975 年，成三千余篇。当时吴藕汀住在湖州南浔镇上，自称"晚景萧条，还是这样解解心焦，以不得罪'人'为宗旨，写我自己的所见而已"。这些文字多写在香烟壳子、传单、包装纸、废纸的背面。吴藕汀致友人沈侗廔的信中曾经写道："我自五十九岁起开始写《药窗诗话》，这'诗话'的概念并不是旧时的形式。'诗'是七言绝诗，'话'是白话文体。每一首诗下面是一篇白话文字。每一集是一百首，倘使能活到七十岁的话，可能凑足一万首。好在不动脑筋，随心所欲而已。""我的原意是把一切都围绕自己，倘使有幸给后人看到，就可以知道我写这一本书时，生活如何清苦，材料如何的贫乏，都是凭着记忆里来的。我想引用几句话，连一本极普通的《浮生六记》也难看到，不要说《三言二拍》了"，"我的《药窗诗话》基本上自从小的地方着想，自来的记载总是大事的多，小事的少。拿太平天国来讲吧，什么王什么将的轶事，到处可以看到洪秀全、李秀成、陈玉成等的丰功伟业。你倘使问一声乡官上任的形式怎样，就是罗尔纲也要目瞪口呆"，"我写《药窗诗话》都是亲眼看到的东西，听来的不过作为参考而已"。

2002 年底，定居嘉兴竹桥苑的吴藕汀，选编了其中二十五篇，叫儿子吴小汀敲入电脑，排版，成《药窗诗话选》，吴藕汀写了《后记》。交当时的秀州书局，A4 纸印制一百，线装成册，称秀州书局"白皮书"。2003 年的重阳编成《药窗诗话八编》，吴藕汀在第八编的《后记》中写道："而今所选择，较之写时，反多顾虑。譬如述及古人，由于名人崇拜之可畏，不得不删改或摒弃。怪力乱神，亦有所忌。方以《八编》选竣，还是草草收场了吧。"有两件事记忆犹新：一、有一天，特别冷，千家万户都开着空调，吴藕汀整理书稿时，添加了棉袄。我说："为什么不开空调呀？"吴藕汀说："整个城市缺电。"二、这一年的农历六月廿七，是藕老九十一岁生日。吴藕汀在伏案选编《药窗诗话选七编》。我说："天太热休息休息。"藕老说："我哪有时间休息呀，九十一岁了。"长沙钟叔河看到此书，两次来信说："《药窗诗话》五辑中对地方风物和个人生活的记述，都是我很感兴趣的"，"收到《药窗诗话》六至八辑，与前寄一至五辑汇成全璧，至可珍重"。

2003 年 12 月 29 日，吴藕汀曾对我说："我的一生十八个字：读史、填词、看戏、学画、玩印、吃酒、打牌、养猫、猜谜。前四项是主要生活，后五项是多头。我是专力则精，杂学则粗。"这"十八个字"，也是吴藕汀《药窗诗话》的内容。

2005年10月，吴藕汀去世，尚有《画髡》等书稿来不及完成。两年后，中国人民大学出版《药窗诗话》，是秀州书局八种"白皮书"的合集，保留吴藕汀写的八篇后记。余杰作序。《药窗诗话》出版之后，反响热烈。有读者说："《药窗诗话》，特别喜欢，有些观点，我也曾想到过，没敢写下来。"2010年开始，吴小汀花两年时间，又在吴藕汀的遗稿中陆续选编《药窗诗话》十辑，每辑三万五千字。这样，前后共十八辑，仍只是吴藕汀《药窗诗话》的一部分。[①]

这篇书评，简要介绍了吴藕汀本人，简述了《药窗诗话》选编的经过，也讲清了《药窗诗话》的各个版本，包括自印本与正式出版的多个版本，也让读者对吴藕汀本人有了更加亲切的认识和了解。

专深研究专著的书评，则要求书评撰写者本人对该研究主题具有相当程度之了解，结合本人的研究体会，将专著中的研究思路、论证过程、新颖史料、新的结论等一一体现出来。以《温州通史编纂通讯》2016年第一期为例，该期杂志收录的文章有：《陈宜中魂归何处考辨——兼论宋闽冲郡王赵若和真伪》（潘猛补）、《〈增订李孝光集校注〉徐沨》（陈增杰）、《明末永嘉名士王瑞梅名字考辨》（沈洪保）、《钱南扬〈永乐大典戏文三种校注〉补证》（徐宏图）、《〈过来语〉点校本前言》（陈伟玲）、《〈徐定超集〉增订本前言》（陈光熙）、《夏承焘研究文献篇目》（陈东辉、范虹颖），从这些文章的篇目就可以看出，学术专著类书评，首先要求馆员自身对该研究主题有相对专深的研究，能在原书作者的基础上提出自己的见解。

对文学作品，可从叙述手法、遣词用句等方面，对相关作品加以介绍和评论。以《水仙阁》2016年第三期《陈学昭和她的〈浮沉杂忆〉》为例，作者王璐供职于上海鲁迅纪念馆，本身就对民国文学史有相当的研究功力，这篇书评又利用了上海鲁迅纪念馆"朝华文库·陈学昭专库"的一份手稿——陈学昭写于1981年7月31日的《我怎样想写〈天涯归客〉和〈浮沉杂忆〉的》。该书评从阐述陈学昭的晚年心曲写起，概述了《浮沉杂忆》中女作家陈学昭自1949年8月至1980年6月

---

① 范笑我.《药窗诗话》：都是吴藕汀亲眼看到的东西［M］//吴藕汀.吴藕汀作品集：药窗诗话.北京：中华书局，2015：1—3

长达 31 年的人生历程，并重点描写了两个细节，还记述了《浮沉杂忆》英文版出版的前前后后，对认识该书与该书背后的故事、教训，起到了很好的引导作用。

二、地方文献读物类的分地阅读

1. 面向少年儿童的地方文献读物推广

浙江省海宁市图书馆吕佳兰曾在《地方文献在未成年人读书活动中的运用》一文中指出，"地方文献具有'资政、励志、存史'的作用，在未成年人读书活动中运用地方文献，能引导未成年人了解、利用地方文献，养成良好的阅读习惯，提升阅读能力，增强读书活动文化内涵，促进未成年人充分利用乡土资源培养社会主义核心价值观"，并建议地方图书馆"围绕地方特色培育未成年人社会主义核心价值观"，"围绕地方文献培养未成年人阅读习惯"，"围绕读书活动特色弘扬地方文化"[①]。

2. 面向老年人的地方文献读物推广

关于地方文献读物，还有一个极为重要的阅读群体，即老年人。老年人退休以后拥有大量自主时间，这在工作阶段是不可能实现的。而大量空余的自主时间，相当一部分老年人会花在诸如书画创作、阅读书报、聊天娱乐等方面。地方文献刊物，往往会成为老年人非常喜欢的一类读物。因为该类刊物所收录的文章，大多是跟当地的历史文化相关的，老年人在当地生活了数十年，对读物中所涉及的地名、人名都有所了解，也有兴趣进行更加深入的阅读。

以浙江省平湖市图书馆为例。该馆专门创办了一份刊物，名为《晚晴》，其读者对象就是退休之后的老年人，栏目主要有《当湖记忆》《当湖名人》《诗词集锦》《历史钩沉》《参观学习》《民俗民情》《生活随笔》《旅游天地》等，作者也多是当地退休老同志。

3. 面向各个地区的地方文献读物推广

我国幅员辽阔，各地风土人情各异。每片土地上，都有着自己光辉灿烂的文

---

① 吕佳兰.地方文献在未成年人读书活动中的运用——以海宁市图书馆为例 [J], 图书馆研究与工作, 2013（1）: 56

明和文化，涌现出无数地方名人与仁人志士。因此，在从事地方文献读物的阅读推广工作时，应当从自己馆所处的地理位置出发，推送相关图书。如北京、上海、广州、深圳等一线城市，可以大力推广城市文化读物；江南、华南、中原、东北、西北、西南各地区，均可推广自身所处区域的特色文化。哪怕小到县和镇，也有自己的县志和镇志，是图书馆馆员从中汲取文化养料的极好来源，也是从事地方文献阅读推广的内容源泉。

第四节　"在馆书评人"如何推广分地读物

一、推广分地读物要有效区分目标读者

分地读物的阅读推广，从实际工作经验来看，若是以地方文化为主要内容的分地读物，容易在中老年读者中找到知音。中老年读者不仅喜欢阅读，同时也喜欢写出自己的认知和经历，因此适宜将中老年人作为分地读物的主要受众。不过，也有部分分地读物是主做少儿内容的，那么就要以少儿为主要的推广对象。

二、推广分地读物要利用好渠道与平台

推广分地读物，我们可以充分利用官方渠道和民间渠道来做相应的阅读推广工作，具体有图书馆平台、政府平台、本地媒体平台、互联网与新媒体平台等，并结合平台开展相应的阅读推广活动。

1. 图书馆平台

作为在馆书评人，自身所在的图书馆平台是最重要、优先度最高的推广平台，也是在馆书评人从事阅读推广工作最重要的阵地。

图书馆的一切阅读推广活动，最终都要落实到具体的场馆。每个场馆，都是一个展示分地读物的极佳平台。尤其是 2017 年 2 月，文化部、国家新闻出版广电总局、国家体育总局、国家发改委、财政部联合印发了《关于推进县级文化馆图书馆总分馆制建设的指导意见》的通知，为图书馆提供了一个总分馆体系联合

展示分地读物的极好平台。

以嘉兴市图书馆为例，总馆在人流量比较密集的大厅入口处、办证处、外借处、信息服务与体验中心、参考阅览室等部室，均设置专架，用于放置分地读物与其他宣传资料，方便读者自行取阅。同时，在下辖的两个区分馆、十个乡镇分馆、两个街道分馆，均同步放置分地读物，便于展示和取阅。

此外，每年嘉兴市图书馆都会与《嘉兴日报》社、嘉兴新华书店举办"好书有约"活动，定期推荐图书，向读者征集书评，并在每年2月份结集出版。在每年2月底的"好书有约"总结大会上，对优秀书评撰写者进行奖励，同时发放《味书轩·好书有约专辑》。

2. 政府平台

公共图书馆作为各地文化部门领导下的事业单位，是国家和地方政府的重要文化窗口，因此图书馆也应该利用好政府平台，做好分地读物的阅读推广工作。

以嘉兴市图书馆为例。嘉兴市图书馆在市政府办公区设置了二十四小时自助图书馆，每期《味书轩》杂志都送一百册到自助图书馆，供政府工作人员取阅。同时，分发到市政府文件收发室，为市委办公室、市政府办公室、市政策研究室、市政协办公室等三十多个部门提供服务，实现定点投送。

3. 本地媒体平台

地方文献读物往往与一个地方、一个城市有紧密联系，因此，借助当地媒体的力量来进行阅读推广是非常有必要的。

以嘉兴市为例。嘉兴市的主要媒体有《嘉兴日报》《南湖晚报》、嘉兴电视台、嘉兴广播电台等。每家媒体都在文化版块专门安排有一名或多名对口联络员，嘉兴市图书馆与这些媒体的联络员一直保持联系，每当图书馆要办阅读推广活动时，都会在第一时间通知到相关媒体的联络人。这样，相关的阅读活动（包括分地读物）信息，都可以通过当地媒体的宣传报道，更加方便快捷地传播到位。

4. 互联网与新媒体平台

在互联网时代与移动互联网时代，网络上的新媒体平台是非常重要的传播渠道，能以最快的速度抵达目标读者。现在重要的新媒体平台有微博、微信、QQ群，以及略微小众的豆瓣、知乎等。

现在许多图书馆都有自己的微博账号、微信公众号，通过这些便捷的渠道，图书馆能够直接与读者进行联系和互动，便于更有效、更有针对性地开展阅读推广活动。

三、推广分地读物的同行联络平台

除了以上在本地进行阅读推广的渠道外，全国各地从事阅读推广的馆员和书友建立的交流平台也很重要。毕竟，与外地同行和读书人群体的交流，也是阅读推广很重要的一方面。

1. 中国图书馆学会学术研究委员会地方文献研究专业委员会

地方文献研究专业委员会目前挂靠在湖南省图书馆。2016 年 11 月 25 日，中国图书馆学会第九届理事会学术研究委员会地方文献研究专业委员会成立会议在湖南长沙召开。此次会议由中国图书馆学会学术研究委员会主办、湖南图书馆承办，地方文献研究专业委员会的主任、副主任及委员十余人参加了此次会议。中国图书馆学会学术研究委员会副主任柯平到会并致辞。这是我国图书馆事业中地方文献研究的学术指导性平台，也经常举办各类有关地方文献的学术研讨会。各馆从事地方文献阅读推广工作的图书馆馆员都应当密切关注该平台，及时关注相关会议信息，并争取撰文参与会议讨论。

2. 全国民间读书年会

全国民间读书年会由一批爱书、读书人士组成，自 2003 年在南京举办了第一届读书年会之后，每年固定举办一届。先后在北京、湖北、山东、内蒙古、江西、四川、浙江、上海、湖南等地举办了十三届，国内著名学者、专家、作家和读书人多有出席。历届全国民间读书年会都受到社会各界广泛关注，央视《新闻联播》也做过报道，影响较大，对建设书香社会起到了引领和推动作用。

3. 各地书友群

除了每年固定的读书年会之外，书友还有其他的交流方式，比如 QQ 群、微信群等。

以 QQ 群"积书缘"为例，它由辽宁抚顺的王志先生创建。该群会集了来自全国各地的书友共一百八十二人，所谈内容都是关于读书写作、书评书话等与图书文化有关的话题，可以说是目前国内民间图书文化圈里最知名的交流平台。

此外，各省市书友也会组织自己的交流平台（QQ 群或微信群）。例如，浙江书友在微信上建立了一个名为"浙江书友团"的微信群，截至 2016 年 9 月 12 日有七十八人。会员来自浙江各县市，覆盖面广，既有大学里的老师，也有纯粹的民间爱书人。在群里，大家都是书友，交流氛围和谐友好。大家交流的话题也都是围绕读书写作而展开，是一个以兴趣为导向的微信交流平台。

从事地方文献阅读推广的馆员，在条件允许的情况下，也可建立自己的书友交流平台（QQ 群、微信群等），这对阅读推广工作极为有益。

后　记

　　对于书评这样一种评论性文体，学者们的角度与见解各异。萧乾先生认为，书评是一种为一般读者所写的一般书籍的批评。欧美国家的图书馆专业杂志往往大量刊登各种书评，这些书评是图书馆馆员了解书籍出版资讯和内容评介的依据，以助力于图书采购和读者服务等业务。在中国，近现代学者文人，如王国维、周作人、鲁迅、胡适、茅盾、朱自清、郑振铎、郁达夫、沈从文、刘西渭（李健吾）、钱杏邨（阿英）、李长之、钱锺书等等，都曾多少涉足书评写作。他们的书评作品在读者与书籍之间建立了一道一道知识桥梁。图书馆界理应将如此优秀的文化传统承继下来，发扬光大。

　　自 2013 年以来，中国图书馆学会阅读推广委员会主办，图书评论与阅读推广专业委员会联合金陵图书馆、成都图书馆和南京邮电大学图书馆等多家单位承办的"馆员书评"征集活动，通过持续四年的努力，在实践中积累了一定的经验，为此，在阅读推广人系列教材总主编、北京大学教授王余光先生的提议下，本书的选题应运而生。

　　《图书评论与阅读推广》书稿的写作分工如下：第一讲《图书评论与阅读推广概述》，由南京大学教授、中国图书馆学会阅读推广委员会副主任徐雁先生撰写；第二讲《欧美报刊书业书评的来龙去脉》，由杭州图书馆聂凌睿馆员撰写；第三讲《公共图书馆的诞生与书评的结缘》，由南京邮电大学图书馆馆刊《书林驿》执行编辑蔡思明馆员撰写；第四讲《书评人的启示与"馆员书评"的前景》，由南京大学信息管理学院硕士研究生曹娟撰写；第五讲《"在馆书评人"与分类读物推广》，由南京大学信息管理学院硕士研究生王萍撰写；第六讲《"在馆书评人"与分级阅读推广》，由金陵图书馆业务办公室副主任、《阅微》主编李海燕副研究馆员撰写；第七讲《"在馆书评人"与分众读物推广》，由南京大学信息管理学院硕士研究生王成玥撰写；第八讲《"在馆书评人"与分地读物推广》，由嘉兴图书馆馆刊《味书轩》执行编辑郑闯辉馆员撰写。

作为一部以中国图书馆学会秘书处名义组织编写的阅读推广人系列培训教材，编者深知本书的框架结构和具体内容叙述还存在种种不足。真诚期望图书馆同行能够进一步提出修正、充实的意见，并能够多角度、多层次、多方位地积极探索和实践"馆员书评"工作，做好"在馆书评人"这一图书馆阅读推广人的新角色，为"倡导全民阅读，构建书香社会"倾入我们当代图书馆人的聪明才智。

李海燕

2017 年 2 月 12 日于南京